Bauwelt Fundamente 40

Herausgegeben
von Ulrich Conrads

Programmredaktion:
Hansmartin Bruckmann
Ulrich Conrads
Gerhard Fehl
Rolf-Richard Grauhan
Herbert Hübner
Frieder Naschold
Dieter Radicke
Mechthild Schumpp

Beirat:
Gerd Albers
Adolf Arndt
Lucius Burckhardt
Werner Kallmorgen
Julius Posener

Bernd Hamm

Betrifft: Nachbarschaft

Verständigung über Inhalt und Gebrauch eines vieldeutigen Begriffs

Bertelsmann Fachverlag

© 1973 Verlagsgruppe Bertelsmann GmbH/
Bertelsmann Fachverlag, Düsseldorf
Umschlagentwurf von Helmut Lortz
Gesamtherstellung: Mohndruck Reinhard Mohn OHG, Gütersloh
Alle Rechte vorbehalten · Printed in Germany
ISBN 3-570-08640-2

Inhalt

Vorwort 7

1. Einleitung 9

1.1 Die Raumbezogenheit menschlichen Handelns 9
1.2 Soziologische Konzepte in der Stadtplanung 10
1.3 Nachbarschaft und Siedlungsplanung 11
1.4 Schwierigkeiten einer Synthese 12
1.5 Der Begriff »Nachbarschaft« 13
1.5.1 Sprachliche Herkunft (Etymologie) 14
1.5.2 Bedeutungen des Nachbarschaftsbegriffs heute 14
1.6 Zu überprüfende Hypothesen 19

2. Ideologie 20

2.1 Großstadtkritik und Nachbarschaftsideologie 20
2.2 Antworten auf die Großstadtkritik 25
2.2.1 Die Gartenstadt oder Am Ende Sozialromantik 25
2.2.2 Die Nachbarschaftseinheit oder Das Dorf in der Großstadt 26
2.2.3 Deutsche Vorschläge oder Heimweh nach Fiktionen 27
2.3 Zur Sozialgeschichte der Nachbarschaft 31
2.3.1 Dörfliche Nachbarschaft vor der Industrialisierung 32
2.3.2 Nachbarschaft in der mittelalterlichen Stadt 36
2.4 Nachbarschaft in städtischen und ländlichen Siedlungen 38
2.4.1 Abgrenzungskriterien und deren Problematik 39
2.4.2 Nachbarschaft in der ländlichen Siedlung 43
2.4.3 Nachbarschaft in der Stadt 47
2.5 Wandlungen im soziologischen Nachbarschaftskonzept 55

Exkurs: Politische Instrumentalisierung der Nachbarschaftsideologie 57

3. Empirie 60

3.1	Untersuchungsziele	60
3.2	Methodologische Probleme	61
3.2.1	Quellen	61
3.2.2	Wissenschaftstheoretische Fragen	68
3.2.3	Der analytische Ansatz	71
3.3	Analyse nachbarschaftlicher Beziehungen	74
3.3.1	Die soziale Position »Nachbar«	74
3.3.2	Nachbarposition und soziale Bezugsgruppen	75
3.3.3	Rollenverhalten	78
3.3.3.1	Der Charakter der Verhaltenserwartungen	78
3.3.3.2	Die wichtigsten Nachbarrollen	80
3.3.4	Aktualisierung der Nachbarposition	92
3.3.4.1	Auswahlkriterien	92
3.3.4.2	Verhaltenstypen	95
3.3.4.3	Rollenkonflikte	96
3.3.4.4	Räumliche Beziehungsmuster	97
Exkurs: Der Gruppencharakter der Nachbarschaft		98
3.4	Soziologische Hypothesen zum Nachbarschaftsverhalten	99
3.5	Der Stellenwert einer Theorie der Nachbarschaft in einer Raum-Verhalten-Theorie	101

4. Planung 105

4.1	Soziale Auswirkungen räumlicher Organisation	105
4.2	Der Handlungsspielraum des Planers	106
4.3	Nachbarschaft in der Stadtplanung heute	107
4.3.1	Die Bedeutung der Nachbarschaft	108
4.3.2	Einige Beispiele	110
4.3.3	Das Wertproblem	112
Exkurs: Die Nachbarschaftseinheit aus der Sicht der Soziologie		114

Zusammenfassung 117

Literaturverzeichnis 120

Namenverzeichnis 128

Sachregister 130

Vorwort

Zwischen Soziologie und Stadtplanung steht als zentrale Frage die nach den Beziehungen zwischen sozialem Verhalten und der Organisation des physischen Raumes. Sie wäre auf vielen verschiedenen Ebenen zu formulieren, etwa auf der morphologischen, wie Sozialökologie, Soziographie oder Humangeographie es versuchen, auf der soziologischen oder auch auf einer psychologischen, die durch die Entwicklung der Umweltpsychologie eine neue Dimension erschlossen hat. Vor allem in den beiden erstgenannten Bereichen liegt eine umfangreiche Spezialliteratur vor, die zu überblicken heute auch dem schwerfällt, der sich ausschließlich mit solchen Problemen beschäftigt. Völlig unmöglich muß es für den sozialwissenschaftlichen Laien sein. Fragen der Raumplanung sind in letzter Zeit besonders stark öffentlich diskutiert worden, und viele Sozialwissenschaftler haben sich in dieser Diskussion engagiert. Aber noch immer stehen Architekten, Planer und interessierte Laien vielen der dabei vorgebrachten Argumente etwas hilflos gegenüber. Andererseits nützen die Versuche zu umfassenden theoretischen Entwürfen vorerst recht wenig, ihre Aussagekraft für alltägliche Fragen der Planungspraxis ist beschränkt. Daher mag es nützlich sein, auf einem eng begrenzten Gebiet: dem der Nachbarschaftsbeziehungen, einmal zusammenzutragen, was an vielen Orten verstreut in der Literatur zu finden ist, das Material kritisch zu sichten und zu systematisieren.
Dem Forschungsausschuß für Planungsfragen am Institut für Orts-, Regional- und Landesplanung der Eidgenössischen Technischen Hochschule in Zürich und seinem Referenten für Soziologie, Prof. P. Atteslander, habe ich dafür zu danken, daß sie diese Arbeit ermöglichten; das Institut hat sie im Rahmen seiner Arbeiten gemäß Bundesgesetz über Maßnahmen zur Förderung des Wohnungsbaus auch teilweise finanziert. Viele Anregungen, die im Text mit verarbeitet sind, verdanke ich der Diskussion mit Freunden und Kollegen. Stadtplaner H. Aregger hat es mir ermöglicht, seit einigen Jahren intensiv an Planungsfragen mitzuarbeiten. Er hat, ebenso wie Prof. B. Schäfers, Diplomsoziologe H. Zinn, Dr. J. Oetterli, Prof. P. Dienel und Prof. P. Drewe, das Manuskript durchgesehen und mir mit seinen Anregungen geholfen. Dafür herzlichen Dank.

Februar 1973 *Bernd Hamm*

Für Ruth

»Es geht nicht darum zu wissen, ob sich die Menschen an die neuen Anforderungen des städtischen Lebens anpassen oder nicht; das wahre Problem besteht darin, Städte zu schaffen, die sich anpassen an die neue Gesellschaft und an den neuen Menschen, die sich abzeichnen.«

P. H. Chombart de Lauwe

1. Einleitung

1.1 Die Raumbezogenheit menschlichen Handelns

Menschliches Handeln ist nicht denkbar außerhalb der fundamentalen Kategorie des Raumes. Das gilt ebenso auch für einen Handlungstypus, den *M. Weber* einschränkend als soziales Handeln bezeichnet hat, d. h. »nur ein sinnhaft am Verhalten des anderen orientiertes eigenes Verhalten«[1], auch wenn der Raum hier nur als formale Bedingung für Handeln angesehen werden kann. Einige Funktionen des Raumes sind unmittelbar einsichtig: So geschieht etwa die Selektion von Interaktionspartnern explizit (»geschlossene Gesellschaft«) wie implizit (»Zusammenkunft«) durch die räumlichen Grenzen eines Interaktionsbereiches. Diese Einsicht ist keineswegs neu: bereits für *I. Kant* ist der Raum die »Möglichkeit des Beisammenseins«, und dort liegt auch seine wichtigste soziologische Bedeutung[2]. *G. Simmel* ist zwar zuzustimmen, wenn er schreibt, daß »nicht die Form räumlicher Nähe oder Distanz«, sondern »durch seelische Inhalte erzeugte Tatsachen« den Raum erst soziologisch interessant werden lassen[3]. Seine Überlegungen führen aber sofort über den rein formalen Aspekt hinaus: »Immer fassen wir den Raum, den eine gesellschaftliche Gruppe in irgendeinem Sinne erfüllt, als eine Einheit auf, die die Einheit jener Gruppe ebenso ausdrückt und trägt, wie sie von ihr getragen wird.«[4] Die Auffassung von *L. v. Wiese*, man müsse »die räumlichen Tatsachen als gegebene, von der Soziologie nicht weiter zu untersuchende Faktoren zu Grunde legen«[5], erscheint danach etwas voreilig.
Für eine Soziologie der menschlichen Siedlungsweise ist die Frage nach der Bedeutung des Raumes für das soziale Handeln entscheidend; sie ist es auch dort, wo die Soziologie einen materiellen Bei-

---

[1] Weber, M.: Wirtschaft und Gesellschaft, S. 16.
[2] Zit. nach Simmel, G.: Soziologie, S. 462.
[3] Simmel, G.: Soziologie, S. 460.
[4] Ebenda, S. 465.
[5] Wiese, L. v.: System der allgemeinen Soziologie, S. 403.

trag zur räumlichen Organisation leisten will. Damit sei allerdings nicht verschwiegen, daß es zahlreiche andere Berührungspunkte zwischen Soziologie und Raumplanung gibt: politische oder Organisationssoziologie, Ideologiekritik oder die Soziologie der kleinen Gruppen, um nur einige zu nennen. Die Frage nach der Existenz und dem Charakter von Raumfaktoren, die soziales Handeln auf irgendeine Weise gestaltend beeinflussen, führt, umgekehrt formuliert, unmittelbar zu dem beinahe schon traditionellen Problem des Städtebaus: Ist es möglich, durch die Manipulation der gebauten Umwelt auf soziale Prozesse und Beziehungen gestaltend einzuwirken? Kann man hier gar von einem Mittel zu gesellschaftlicher Reform sprechen?

Es muß aus dem vorstehenden verwundern, daß die neuere soziologische Theorie so selbstverständlich von der Raumbeziehung sozialen Verhaltens abstrahiert. Man muß aus dem weitgehenden Fehlen von Hypothesen und empirischer Arbeit in dieser Richtung sogar annehmen, daß diese Beziehung bisher kaum als Problem erkannt worden ist. Zwar hat es immer wieder Ansätze zu soziologischen Theorien der Siedlung gegeben; fraglos aber lag das Interesse dabei primär auf abstrakt-verhaltenstheoretischen Aspekten und nicht auf der Verbindung sozialer mit räumlichen Komponenten. Ohne diese Perspektive scheint mir jedoch eine soziologisch wie planerisch relevante Siedlungssoziologie unmöglich.

»Der Mensch in seiner Gesamtheit entwickelt sich folglich innerhalb zweier Dimensionen: der geographischen Dimension, vorgezeichnet durch den Ort; und der sozialen Dimension, bestimmt durch die menschliche Aktivität«; von dieser Feststellung des französischen Soziologen *M. Quoist*[6] ausgehend, will ich versuchen, zur einfachsten Beziehung zwischen Sozialität und Lokalität zu kommen, zu analysieren, was bisher an Wissen über diese Beziehung akkumuliert worden ist. »Die Gemeinsamkeit des Ortes«, so sagt *L. Mumford*, »ist vielleicht die ursprünglichste der sozialen Bindungen, und im Gesichtskreis seines Nachbarn leben die einfachste Form der Vergesellschaftung.«[7]

1.2 Soziologische Konzepte in der Stadtplanung

Die Erkenntnis, daß Stadtplanung erst sekundär ein technisches Problem sei, ist nicht neu und keine Erfindung von Soziologen. Zu allen Zeiten gab es städtebauliche Entwürfe, die von gesellschaft-

---

[6] Quoist, M.: La ville et l'homme, S. 202.
[7] Mumford, L.: In Defense of the Neighborhood, in (179), S. 115.

lichen Verhältnissen ausgingen. Gerade diese implizit oder explizit sozialreformerischen Intentionen waren es, die in jüngster Zeit massive soziologische Kritik herausgefordert haben. Dieser Ideologiekritik ist ein Zug eigen, der dem Soziologen vom Laien immer wieder zum Vorwurf gemacht wird: daß sie nur negativ bleibe, statt praktikable Alternativen aufzuzeigen. Das Argument mag nicht immer treffen, ist aber in seinem Kern doch ernst zu nehmen. Problematisch ist dabei die Frage nach dem Beitrag, den die Soziologie zu liefern in der Lage ist. Sie hat bisher immer auf soziale Phänomene reagiert, sie nicht initiiert; sie ist an Erkenntnis interessiert gewesen, nicht an Gestaltung; sie hat Denkstrukturen und damit auch eine Terminologie entwickelt, die dem Laien nicht ohne Schwierigkeiten verständlich sind und damit die Zusammenarbeit erschweren [8]. Im Bereich der Siedlung hat sie bisher so wenig gesicherte Kenntnis formuliert, daß sie kaum in der Lage ist, auf die Fragen des Planers fundiert zu antworten. Das gilt zuerst natürlich für die theoretischen Ansätze; was bedeutet es zum Beispiel, wenn die Gemeinde als »Globalgesellschaft auf lokaler Basis« [9] bezeichnet wird? Für den Planer hat eine solche Aussage keinerlei Wert, und dem Soziologen mag sie bestenfalls zu heuristischen oder typologischen Zwecken dienen.

Gerade für das in dieser Arbeit intendierte Ziel empfiehlt es sich daher, auf die Suche nach theoretischen Ansätzen höchsten Abstraktionsgrades vorläufig zu verzichten, was selbstverständlich nicht bedeuten darf, daß für Forschungsgegenstände tieferen Niveaus keine theoretischen Konzepte erarbeitet werden sollen. Gerade dazu soll ja der Versuch dienen, aus der Vielzahl der vorliegenden analytischen Arbeiten eine synthetische Übersicht zum Problemkreis »Nachbarschaft« zu entwickeln.

1.3 Nachbarschaft und Siedlungsplanung

Das Thema Nachbarschaft wurde ungefähr zur gleichen Zeit in Planung und Soziologie diskussionswürdig: 1923 sprach der Planer C. A. Perry auf einer gemeinsamen Tagung der American Sociological Society und der National Community Center Association zum ersten Mal von der »Nachbarschaftseinheit« [10]; 1909 war das wichtigste Werk des amerikanischen Sozialtheoretikers C. H. Cooley erschienen, das Nachbarschaft als Primärgruppe neben Familie und

---

[8] Siebel, W.: Zur Zusammenarbeit zwischen Architekten und Soziologen.
[9] König, R.: Grundformen der Gesellschaft: die Gemeinde.
[10] Mann, P. H.: An Approach to Urban Sociology, S. 171.

Spielgruppe einreiht[11]. Von beiden Ansatzpunkten gingen Entwicklungslinien aus, die vieles zur Ideologisierung und wenig zur sachlichen Klärung der Nachbarschaftsproblematik beigetragen haben. *Perrys* Nachbarschaftseinheit wurde häufig als Mittel zur Sozialreform mißverstanden und mußte wohl ebenso oft als zugkräftiges Argument für die Werbung geschäftstüchtiger Makler herhalten.[12] Wenn *Cooley* Nachbarschaft als Primärgruppe klassifizierte und damit meinte, daß hier die »face-to-face«-Beziehungen vorherrschen, so lieferte er mit dieser Aussage einer romantisierenden Großstadtkritik, die ihre Anhänger auch unter Soziologen fand, willkommene Argumente: Da die sozialen Beziehungen im unnatürlichen Gebilde der Stadt primär sich an sachlichen Zwecken anstatt an Mitmenschlichkeit orientierten, die rationale also eine emotionale Bindung ablöse, könne Nachbarschaft in der Stadt nicht mehr existieren. Vielmehr trete geistlose Vermassung an ihre Stelle, und die Lösung dieses Problems liege darin, daß man die Stadt in kleinere Einheiten (Nachbarschaftseinheiten) auflöst und damit menschenwürdige Verhältnisse herstellt.

Verwirrung ist nicht zuletzt auch dadurch entstanden, daß Nachbarschaft begrifflich für den Planer etwas anderes bedeutet als für den Soziologen. Der planerische Nachbarschaftsbegriff schließt mehr an den angelsächsischen Sprachgebrauch an, in dem der lokale Aspekt dominiert (»neighborhood«), während der Soziologe in Übereinstimmung mit der im deutschsprachigen Raum vorherrschenden Bedeutung mehr den sozialen Aspekt sieht (»neighboring«).

Allerdings ist es für den Planer kaum jemals ausschließlich um eine Frage der zweckmäßigen Gliederung von Siedlungsgebilden gegangen; meist haben sich mit dem Nachbarschaftskonzept auch Vorstellungen verbunden über die soziale Homogenität beziehungsweise Heterogenität der dort anzusiedelnden Bevölkerung, über die zulässige Wohndichte und vor allem über die a priori positiv bewerteten sozialen Beziehungen, die sich in einer solchen Einheit entwickeln sollten. Solche Vorstellungen werden unter dem Stichwort ›Nachbarschaftsideologie‹ noch ausführlich dargestellt und auf ihre Grundlagen hin untersucht werden.

1.4 Schwierigkeiten einer Synthese

Mißverständnisse entstehen häufig auch daraus, daß wissenschaftliche Aussagen nicht selten auf einem inadäquaten Abstraktions-

---

[11] Cooley, C. H.: Social Organization, in (159), S. 205.
[12] Riemer, S.: Villagers in Metropolis, in (159), S. 595.

niveau formuliert werden. »Umfassende Generalisierungen darüber, wie ›die Leute‹ sich in den Nachbarschaften der modernen Stadt verhalten, sind der Tendenz nach Verallgemeinerungen, die für kleine Kinder in Strampelhosen bis zu Altersrentnern in Schaukelstühlen Geltung beanspruchen«[13], so kennzeichnet *P. H. Mann* anschaulich das Problem. Damit ist jedoch nur eines der Kriterien angesprochen, nach denen sich nachbarliches Verhalten differenziert: das Alter. Es wird hier darauf ankommen zu zeigen, ob es noch weitere solche Kriterien gibt, welche es sind und wie sie auf das soziale Verhalten zwischen Nachbarn einwirken.

Zu diesem Zweck ist versucht worden, vor allem empirisches Material zur Auswertung heranzuziehen. Die Wertung der dort vorgelegten Ergebnisse ist jedoch recht schwierig, da nur in seltenen Fällen ausreichende Angaben über die untersuchte Stichprobe und die Grundgesamtheit, über Fragebogen, Interviewtechnik und andere angewandte Methoden vorlagen. Auf dieses Problem hat auch *S. Keller* in ihrem Bericht über die betreffende amerikanische Literatur hingewiesen[14].

Ein besonderes Problem ist die Vergleichbarkeit von Daten, die in verschiedenen Ländern erhoben worden sind. Auf diese Schwierigkeit werde ich im Kapitel über die wissenschaftstheoretischen Probleme der Empirie noch eingehen. Es soll aber hier schon festgehalten werden, daß dort eine häufige Fehlerquelle liegt; allzuoft wird kritiklos Material für unsere Verhältnisse übernommen, das in deutlich verschiedenen soziokulturellen Situationen zusammengetragen worden ist.

1.5 Der Begriff »Nachbarschaft«

Es ist häufig beklagt worden, daß unsere Sprache für wissenschaftliche Zwecke zu wenig präzis sei; häufiger noch führt aber der zu wenig exakte Gebrauch der Sprache zu Mißverständnissen. Das gilt besonders bei einem Begriff, der in verschiedenen Disziplinen verschiedenen Zwecken dienen soll: So hat etwa der juristische Nachbarschaftsbegriff wenig Gemeinsamkeiten mit dem der Raumplanung, der soziologische bedeutet etwas anderes als der geographische. Doch auch innerhalb verschiedener Disziplinen ist die Verwendung des Begriffes mit teilweise deutlich unterscheidbaren Implikationen verbunden; man denke etwa nur an den engen Bereich der empirischen Sozialforschung: Soll in einer Untersuchung der »subjektive«

---

[13] Mann, P. H.: An Approach to Urban Sociology, S. 154.
[14] Keller, S.: The Urban Neighborhood, S. 12 ff.

Nachbarschaftsbegriff eines Probanden oder der »objektive« des Forschers zugrunde gelegt werden? Um der begrifflichen Präzision willen soll deshalb hier versucht werden, verschiedene Nachbarschaftsbegriffe, die zur Verwechslung mit einem soziologischen Terminus führen könnten, kurz zu umschreiben. Der Rückgriff auf die Etymologie des Wortes wird sich dabei lohnen. Anschließend ist der Begriff so zu definieren, daß die soziologische Analyse sinnvoll mit ihm arbeiten kann.

1.5.1 Sprachliche Herkunft (Etymologie)

Das deutsche – wie übrigens auch das englische – Wort »Nachbarschaft« läßt sich bis ins Althochdeutsche zurückverfolgen. Nachbar, »mittelhochdeutsch nachgebur(e), althochdeutsch nagivur(o)«, ist zusammengesetzt aus den Wörtern »nah« und »Bauer« und »bedeutet eigentlich ›nahebei Wohnender‹«[15]. Und »Bauer«, mittelhochdeutsch bur(e), althochdeutsch geburo, »ist nicht vom Zeitwort bauen abgeleitet, sondern gehört zu ahd. bur ›Haus‹«. Der Begriff Nachbar bezeichnete also nur denjenigen, dessen Haus nahe beim eigenen lag, denn »in der ländlichen Sozialordnung bezeichnet ›Bauer‹ den vollberechtigten Hofbesitzer im Gegensatz zum Häusler oder Käutner«[16]. Die Bezeichnung Nachbar enthält somit drei Definitionselemente: die räumliche Nähe, die landwirtschaftliche Tätigkeit und den Hausbesitz. Das Suffix in Nachbarschaft bedeutet soviel wie: die Gesamtheit der Nachbarn. Interessant ist, daß sich diese Bedeutungsmerkmale an einigen Orten bis in unsere Zeit erhalten haben[17]. Die französischen Begriffe »voisin« beziehungsweise »voisinage« gehen dagegen auf das lateinische Wort »vicus« zurück, das sowohl Gehöft wie Dorf bedeutete[18].

1.5.2 Bedeutungen des Nachbarschafsbegriffs heute

Die heutigen Inhalte des Begriffes »Nachbarschaft« enthalten zwei grundsätzlich verschiedene Aspekte: den der räumlichen Nähe und den der sozialen Interaktion. Diese beiden Aspekte sind häufig

---

[15] Der Große Duden, Bd. 7: Etymologie, Begriff »Nachbar«.
[16] Ebenda, Begriff »Bauer«.
[17] Eines der interessantesten Beispiele beschreibt Oppen, D. v.: Familien in ihrer Umwelt.
[18] Pfeil, E.: Nachbarkreis und Verkehrskreis in der Großstadt, in (88), S. 161.

unterschiedlich gewichtet worden, zumal sich soziologisch noch eine Differenzierung treffen läßt: Nachbarschaft kann nämlich einerseits die »entsprechenden sozialen Beziehungen zwischen einzelnen Gruppen«, andererseits aber auch »die Gruppe, die sich auf Grund solcher Beziehungen bildet oder nach Meinung der Betroffenen oder Betrachter bilden sollte«[19] bezeichnen. *S. Keller* weist mit Recht darauf hin, daß die Konfusion um das Konzept Nachbarschaft sich teilweise aus solchen begrifflichen Unklarheiten erklären läßt[20].

Vorwiegend lokalbezogene Nachbarschaftsbegriffe

Im öffentlichen wie im privaten Recht ist Nachbar der, dessen eigenes Grundstück an ein anderes Grundstück anstößt oder direkt von einem anderen aus betroffen werden kann (letzteres gilt vor allem für den Immissionsschutz). Entscheidend ist dabei, daß auf das Eigentum an Boden, Gebäuden oder Gebäudeteilen orientiert wird und nicht auf den bloßen Besitz (etwa aus Miete oder Pacht). Dieses Kriterium wird zum Beispiel bei der Beurteilung der Einsprachelegitimation im Baubewilligungsverfahren oder für die Berufung auf Bestimmungen mit nachbarschützender Wirkung im öffentlichen Baurecht wirksam; sie gilt aber auch für das zivile Nachbarrecht.

Auch in der Sozialgeographie dominiert der lokale Aspekt. Nachbarschaft bedeutet hier nach *J. D. Nystuen* nichts anderes als das Nebeneinanderliegen, das Aneinanderstoßen von Orten, ihre »Konnektivität«[21]. Der Interaktionsaspekt fehlt auch hier völlig.

Der Nachbarschaftsbegriff, der unter den lokalbezogenen im systematischen Zusammenhang dieser Arbeit am meisten interessiert, ist natürlich der in der Siedlungsplanung gebräuchliche. Zuerst ist er hier unter dem Begriff »Neighborhood-unit« von *C. A. Perry* genauer umschrieben worden; die Wurzeln dieses Konzeptes lassen sich jedoch bis zu den städtebaulichen Utopien des ausgehenden 18. und beginnenden 19. Jahrhunderts zurückverfolgen. Zweifellos darf *Perrys* Entwurf nicht unabhängig von den Bewegungen gesehen werden, die in Europa direkt aus solchen Utopien hervorgingen: dem Community Center Movement in England, dem Mouvement Castor in Frankreich.

Wie sieht nun die Nachbarschaftseinheit aus? »Sie sollte sowohl Wohnungen wie deren Umgebung umfassen, wobei die Ausdehnung

---

[19] Kötter, H.; Emge, M.: Agrar- und Stadtsoziologie, in (50), S. 467.
[20] Keller, S.: The Urban Neighborhood, S. 10.
[21] Nystuen, J. D.: Zur Bestimmung einiger fundamentaler Raumbegriffe, in (17).

der letzteren – für Stadtplanungszwecke – in der Fläche zu sehen ist, die alle öffentlichen Einrichtungen und Voraussetzungen enthält, deren eine durchschnittliche Familie für ihre Bequemlichkeit und für die für sie geeignete Entwicklung innerhalb des Einzugsbereiches ihrer Wohnung bedarf. In dieser Studie wird jene Fläche die »Nachbarschaft« der Familie genannt.«[22] Während also der Jurist als zusätzliches Kriterium zur räumlichen Nähe noch das Eigentum einführt, liegt hier eine Umschreibung vor, die man als räumlich-funktional bezeichnen könnte. Nachbarschaft will hier, wenigstens dem Wortsinn nach, als Versorgungseinheit verstanden werden, und abstrahiert damit ebenfalls vom Interaktionsaspekt.

Perry zählt dann die wichtigsten Elemente dieser Einheit auf:

1. Größe: Die Nachbarschaftseinheit soll Wohnungen für so viele Menschen bereitstellen, daß eine Grundschule ausgelastet werden kann. Die Fläche, die dafür benötigt wird, hängt von der Wohndichte ab.
2. Grenzen: Dieses Gebiet soll auf allen Seiten durch Straßen begrenzt werden, die genügend breit sind, um den Durchgangsverkehr aufnehmen zu können.
3. Freiflächen: Ein System kleiner Parks und Erholungsflächen, das den Bedürfnissen der Bewohner entsprechen soll, wird vorgesehen.
4. Flächen für öffentliche Gebäude: Schulen und andere Institutionen mit gleichem Einzugsbereich sollen im Zentrum geplant werden.
5. Geschäfte: Die für die Wohnbevölkerung notwendigen Geschäfte werden an der Peripherie, am besten an Verkehrswegen und Grenzen zwischen Nachbarschaftseinheiten, vorgesehen.
6. Internes Straßensystem: Die Straßen im Innern sollen nach dem tatsächlichen Verkehrsaufkommen dimensioniert werden und den internen Verkehr erleichtern; der Durchgangsverkehr soll gar nicht bis in die Nachbarschaftseinheit geführt werden [23].

Diese Prinzipien sind in der Planungsliteratur häufig wiederholt worden; ein von der UNO organisiertes Seminar über »Social Aspects of Housing« hat sie 1960 wieder bestätigt [24].

Soweit stellt sich das *Perrysche* Konzept einfach als technisches Organisationsschema dar. Und doch kann man nicht darüber hinwegsehen, daß damit auch Meinungen über die Art und Intensität der Sozialbeziehungen zwischen den Bewohnern einer solchen Einheit wie zwischen verschiedenen Einheiten impliziert werden. Auf diese

---

[22] Perry, C. A.: The Neighborhood-Unit Formula, in (179), S. 95.
[23] Ebenda.
[24] United Nations: European Seminar on the Social Aspects of Housing, S. 18.

Problematik, die vielleicht weniger *Perry* selbst als seine Epigonen treffen mag, wird noch ausführlicher einzugehen sein.

Neuerdings taucht der Begriff Nachbarschaft noch in einem anderen planerischen Zusammenhang auf: als Nachbarschaftsverband. Darunter wird ein regionalpolitisches Organisationsprinzip verstanden, das in Baden-Württemberg künftig die zentralen Orte mit den in ihrem Einzugsbereich liegenden kleineren Gemeinden stärker verbinden soll.

Der soziologische Nachbarschaftsbegriff

Welche spezifischen Anforderungen wären nun an einen Nachbarschaftsbegriff zu stellen, der der soziologischen Analyse als Grundlage zu dienen hätte? Sicher müßten auch hier der Interaktions- und der Raumaspekt auftreten; zudem müßte er genügend abstrakt sein, um für alle Spielarten nachbarlichen Verhaltens gelten zu können; und er müßte schließlich diskriminatorische Qualität haben, um nachbarliches Verhalten deutlich von anderem, etwa freundschaftlichem oder verwandtschaftlichem, unterscheidbar zu machen.

Das ist bei jenen Vorschlägen schwer, die Nachbarschaft nur aus dem Vorhandensein sozialer Beziehungen definieren wollen und dabei den Raumaspekt vernachlässigen. Eine Reihe solcher Definitionen schließt an *Cooleys* Vorstellung der Nachbarschaft als einer Primärgruppe an, in der deutschsprachigen Literatur finden sie sich etwa als »soziale« oder »emotive« Nachbarschaft.

»Der entscheidende Gesichtspunkt liegt darin, daß man ›Nahe-bei-Wohnen‹ nicht mit Nachbarschaft verwechseln darf; letzteres impliziert immer soziale Interaktion, ersteres ist in dieser Hinsicht neutral«[25], damit hat *König* das entscheidende Kriterium bezeichnet. und *Atteslander* geht in dieser Richtung weiter: »Entstehen und Überdauern der Gemeinde beruhen auf einem System sozialer Interaktionen, die aus einem örtlich gemeinsamen Siedeln oder Wohnen der Menschen stammen. Die soziale Einheit der Gemeinde ist gegeben durch eine bestimmte Dichte der menschlichen Interaktionen. Diese Interaktionsdichte ist gleichzeitig Ausdruck des funktionalen Zusammenhaltens von Menschen, Gruppen und Institutionen. Gemeinde ist also ein relativ geschlossenes System wechselseitiger Abhängigkeit in sozialer, ökonomischer und rechtlicher Beziehung, dies auf lokaler Grundlage. Damit erkennen wir, daß die Gemeinde auf dem Prinzip der Nachbarschaft beruht.«[26] So umreißt *Atteslander*

[25] König, R.: Großstadt, in (104), S. 645.
[26] Atteslander, P.: Der Begriff der Nachbarschaft in der neueren Gemeindesoziologie, S. 447.

den konzeptuellen Rahmen, in den der Nachbarschaftsbegriff seiner Ansicht nach gehört, und bezeichnet auch dessen Stellenwert.
Die formalen Anforderungen an den zu definierenden Nachbarschaftsbegriff ergeben sich aus der Zielsetzung dieser Studie: Die Definition muß unmißverständlich klare Elemente enthalten, die als Indikatoren für die Messung nachbarschaftlichen Verhaltens geeignet sind. Deshalb sollten sie idealerweise quantifizierbar sein, um in der Folge auch eindeutige Spezifikationen der Beziehungen zu anderen Variablen zu erlauben.
Als Nachbarschaft bezeichne ich nun eine *soziale Gruppe, deren Mitglieder primär wegen der Gemeinsamkeit des Wohnortes miteinander interagieren*. Nachbar ist dann der Begriff für alle Positionen, die manifest oder latent Träger nachbarlicher Funktionen sind.
Die soziale Gruppe wird im Anschluß an *G. C. Homans* definiert »durch die Interaktion ihrer Teilnehmer. Wenn wir sagen, die Individuen A, B, C, D, E, (...) bilden eine Gruppe, so bedeutet das, daß zumindest die folgenden Umstände herrschen: Innerhalb eines gegebenen Zeitraumes steht A häufiger mit B, C, D, E, (...) in Interaktion als mit M, N, L, O, P, (...), welche nach unserer Wahl Außenstehende oder Mitglieder anderer Gruppen darstellen sollen. Auch steht B häufiger mit A, C, D, E, (...) als mit den Außenstehenden in Interaktion, und dasselbe gilt entsprechend auch für die anderen Gruppenmitglieder« [27].
Als »Wohnort« bezeichne ich jenen Ort, an dem sich die Gruppenmitglieder dauernd einrichten, an dem sie den relativ größten Teil ihrer Zeit verbringen und von dem ihre Aktivitäten und Interaktionen ausgehen. »Gemeinsamkeit des Wohnortes« meint dann, daß die Individuen, die Mitglieder der Nachbargruppe sind, ihren Wohnort in geringerer räumlicher Distanz haben als gegenüber Außenstehenden. Und »primär« in der angegebenen Definition heißt, daß es zwar noch andere Motive für die Wahl der Interaktionspartner gibt, daß aber im Fall der Nachbarschaft die räumliche Nähe als Ursache dominiert.
Es wäre leicht, noch verschiedene Definitionen oder Elemente von solchen anzuführen, die in der Literatur auftreten. Der Erkenntniswert einer solchen begrifflichen Tour d'horizon ist aber meines Erachtens kaum der Mühe wert. Interessanter dürfte es sein, im Kapitel über die empirische Forschung den Implikationen der vorgeschlagenen Definition nachzugehen und ihre Operabilität zu überprüfen.

---

[27] Homans, G. C.: Theorie der sozialen Gruppe, S. 102.

1.6 Zu überprüfende Hypothesen

1. Die Organisation des physischen Raumes durch bauliche Maßnahmen wirkt direkt und indirekt auf soziales Verhalten ein.
2. Eine Form indirekten Einflusses entsteht aus der selektiven Funktion des Raumes oder, noch weiter eingegrenzt und auf den Bereich der Siedlung bezogen: aus der Nachbarschaft.
3. Architektonische und planerische Maßnahmen sind also auch sozial relevant, da sie Elemente sozialer Situationen gestalten.
4. Ihr Einfluß ist nur im mikrosozialen Bereich relevant.
5. Idealstadtkonzepte, die eine Änderung sozialer Makrostrukturen intendieren, verfehlen daher ihr Ziel und gewinnen ideologischen Charakter.
6. Solche Ideologien sind durch konkrete historische und soziokulturelle, also gesellschaftsspezifische Ursachen vorgeprägt und aus ihnen erklärbar.
7. Sie sind daher für verschiedene Gesellschaften verschieden und können nicht willkürlich übertragen werden.
8. Mit verschiedenen historischen und soziokulturellen Situationen wird auch die Übertragbarkeit empirischer Befunde problematisch.
9. Nachbarschaft ist als Strukturelement im sozialen Gebilde Siedlung zu betrachten.
10. Die Beziehungen zwischen den verschiedenen Nachbarpositionen können als die Rollen der Nachbarn betrachtet und in verschiedener Hinsicht spezifiziert werden.
11. Die verschiedenen sozialen Rollen des Nachbarn differenzieren sich zusätzlich nach den sozialen Gruppen überräumlicher Art, denen ein Positionsinhaber angehört.

Diese Hypothesen stellen das logische Fundament dar, auf dem – sofern es sich als tragfähig erweist – im folgenden die Elemente eines theoretischen Bezugsrahmens zum Nachbarschaftsverhalten aufgebaut werden sollen.

2. Ideologie

2.1 Großstadtkritik und Nachbarschaftsideologie

Die Großstadtkritik kann auf eine lange Tradition, die hier nicht im einzelnen nachgezeichnet werden soll, zurückblicken. Vom Ziel der vorliegenden Untersuchung her erscheint es vielmehr ratsam, bei der Kritik der industriellen Großstadt anzusetzen, die zwar »seit der Antike verbal vorgeformt und damit verfügbar«[1] war, nun aber doch spezifische Antworten provozierte. Dieses Aufpfropfen vorgeprägter Argumente zur theoretischen Bewältigung eines neuen Phänomens wird vor allem darin deutlich, daß die Kritik an der Großstadt der industriellen Revolution ein *Symptom* meinte und nicht seine Ursache: die Industrialisierung selbst und die Proletarisierung der frühkapitalistischen Epoche, die in der Großstadt am krassesten in Erscheinung traten. Bis auf *Fourier* [1a] und – auf dessen Überlegungen zum Verhältnis von Stadt und Land fußend – *Marx* und *Engels* [1b] formuliert die kleinbürgerlich-reaktionäre Kritik als Gegenbild zur Großstadt eine idealisierte Vorstellung vom vorindustriellen Dorf. Es ist kein Zufall, daß hier wieder die Elemente auftreten, die in der Etymologie des Nachbarschaftsbegriffes bereits aufgefallen sind: die landwirtschaftliche Tätigkeit und der Haus- und Grundbesitz.

Die Einheitlichkeit der Argumente, mit denen die Stadtkritik vorgetragen wird, darf aber nicht darüber hinwegtäuschen, daß ihr in verschiedenen Gesellschaften jeweils spezifische kulturelle Erfahrungen zugrunde liegen.

Die Lage im England des ausgehenden 18. und beginnenden 19. Jahrhunderts war gekennzeichnet durch drei zusammenwirkende

---

[1] Oswald, H.: Die überschätzte Stadt, Kap. 2.
[1a] Fourier, C.: Theorie der vier Bewegungen und der allgemeinen Bestimmungen, passim.
[1b] Marx, K.; Engels, F.: Die deutsche Ideologie, S. 23 ff., Anm. S. 29.
Engels, F.: Herrn Eugen Dührings Umwälzung der Wissenschaft, S. 270 bis 278.

Faktoren: Die Bevölkerung war gegenüber der Kapazität der Nahrungsmittelproduktion zu stark angewachsen; die Voraussetzungen zur Steigerung der Arbeitsproduktivität waren mit der Erfindung der Dampfmaschine, der Spinnmaschine und des mechanischen Webstuhles bereits gegeben; und schließlich hatte die klassische Nationalökonomie besonders der Manchesterschule, unterstützt durch die verbreitete calvinistische Arbeitsethik, die Ideologie zur Rechtfertigung einer rücksichtslosen Ausbeutung des Proletariats geliefert. Die Frühsozialisten, aber auch K. *Marx* und F. *Engels*, sahen, daß die Ausbildung der städtischen Slums mit ihren miserablen Lebensbedingungen, der hohen Sterblichkeit und Epidemiengefahr, als Funktion des kapitalistischen Wirtschaftssystem erklärt werden konnte. Doch bereits mit den mehr philanthropisch als politisch motivierten Ideen eines *Owen* oder *Fourier* verband sich die Vorstellung, man könne all dies nur in einer neuen Umwelt, in einem neuen Siedlungskonzept, lösen.

R. *Glass* hat darauf hingewiesen, daß sich die hier ansetzende Kritik der Großstadt in England mit einer langen Tradition des ›Anti-Urbanismus‹ verband [2]. Das zeigt sich auch in der Architektur. H. *Orlans* vermutet, daß England, weil es seit dem 17. Jahrhundert keinen Krieg mehr erlebt hat, sich auch in den Städten das Leben in Einfamilienhäusern eher leisten konnte, während auf dem Kontinent die Menschen gezwungen gewesen seien, in großer Zahl in befestigten Städten Schutz zu suchen [3]. Anderseits ist angenommen worden, daß die Lebensweise des englischen Adels als Leitbild wirksam geworden ist; so sieht *Dibelius* im Wunsch des Briten nach Haus und Garten »ein pathetisches Überleben der Idee des Parkes, der das Herrschaftshaus des Edelmannes umgab. Analog dazu ist die Hall, wenigstens dem Namen nach, der Hall des fürstlichen Schlosses verpflichtet, auch wenn in ihr nur Platz bleibt für Mäntel und Regenschirme« [4]. Jedenfalls ist hier »auch in den Großstädten die Tradition des Einzelhauses niemals abgerissen« [5], ja die rund vier Millionen »Homes for Heroes«, die zwischen den beiden Weltkriegen in England gebaut wurden, waren fast ausschließlich Einzel- oder Doppelhäuser mit Gärten [6].

Die Periode des größten Bevölkerungswachstums fällt zusammen mit der Zeit der stärksten Konzentration der Bevölkerung in den Städten. Es verwundert deshalb nicht, wenn die einsetzende soziologische

---

[2] Glass, R.: Urban Sociology in Great Britain: A Trend Report, S. 14 ff.
[3] Orlans, H.: Stevenage, S. 115.
[4] Dibelius, W.: England, zit. nach (132), S. 115.
[5] Pfeil, E.: Großstadtforschung, S. 196.
[6] Ebenda.

Stadtforschung, vorbereitet durch die gerade entwickelte Bevölkerungs- und Medizinalstatistik [7], bei ihrem Drängen auf Sozialreform von den Problemen der Städte ausgeht [8]. »Es erstaunt nicht«, so schreibt *Mann*, »daß das englische Interesse an der Nachbarschaft derart war, daß man Nachbarschaft vor allem als ein Instrument für Sozialreform oder soziale Arbeit betrachtet hat.« [9]
In den Vereinigten Staaten gehen ähnliche Erscheinungen auf andere Ursachen zurück. Aus dem übervölkerten Europa, vorab aus England, kamen die ersten großen Einwanderungswellen; die Ostküste wurde rasch verstädtert, die Einwanderer rekrutierten sich im Norden vor allem aus calvinistischen Briten, denen durch die Test-Act jede politische Tätigkeit in England untersagt worden war und die nun vorwiegend von Handel und Kleingewerbe lebten. Im Süden zogen Abenteurer (Virginia) und Sträflinge (Georgia) zu und entwickelten weitläufigen Großgrundbesitz unter monarchieähnlichen politischen Strukturen [10].
Jenseits des schmalen Streifens der zivilisierten Ostküste begann der Wilde Westen. Die »frontier situation« bildete für viele Amerikaner eine reale Erfahrung, die Solidarität der Pioniere, die immer mit Abwehrreaktionen der von der Ausrottung bedrohten indianischen Bevölkerung zu rechnen hatten, war ein Erlebnis, das der Großstädter der ersten Generation schmerzlich vermißte. Bis heute ist das Dorf, die Kleinstadt im Landwirtschaftsgebiet, ein Traum vieler, und immer wieder taucht in Untersuchungen der Wunsch nach einem eigenen Stück Land, gerade groß genug für etwas »farming«, auf [11].
In einer Gesellschaft, die das Recht des Stärkeren fraglos akzeptiert und in der sich Erfolg und Mißerfolg einfach und klar in Dollars und Cents ausdrücken lassen, lag der ökonomische Bezug in der Stadtsoziologie nahe. Die Sozialökologen der frühen Chicagoer Schule erkannten rasch die Bedeutung der Bodenpreise und bauten darauf ihre Stadttheorie auf. Mit den Natural areas, ungeplanten, sozial homogen strukturierten Stadtquartieren, ist dort ein Konzept vorgeschlagen worden, das dieser Gesellschaft gerecht zu werden schien; es wird sich auch in den Antworten auf die Großstadtkritik wieder finden. Natural areas entwickeln eine spezifische historische Kontinuität, und man nimmt an, daß sich dort tendenziell eine Primärgruppensituation wiederherstellt. Als soziale Integrations-

---

[7] Zur Geschichte der Stadtforschung vgl. Pfeil, E.: Großstadtforschung, Teil 1.
[8] Glass, R.: Urban Sociology in Great Britain: A Trend Report, S. 9.
[9] Mann, P. H.: An Approach to Urban Sociology, S. 150.
[10] Naef, W.: Die Epochen der neueren Geschichte, S. 40 ff.
[11] Bracey, H. E.: Neighbours.

kerne wirken dabei die »local associations«, Vereinigungen, die die Interessen der Bürger gegenüber den Behörden wahren sollen [12]. Sie bilden somit das Modell, nach dem die Schäden der industriellen Großstadt, vor allem die Substitution primärer durch sekundäre Sozialbeziehungen [13] gemildert oder gar behoben werden können: die Nachbarschaftseinheit.

Ganz anders stellt sich die Ausgangslage in Deutschland dar: Der Gegensatz zwischen Stadt und Land bestand seit langem, die Städte waren als Handelsplätze Zentren, deren Rang von nirgendwo bestritten wurde, von ihren Finanzen waren Adel und Kaiser abhängig. Der Leibeigene, dem die Flucht hinter die Mauern der Stadt gelang, war frei (»Stadtluft macht frei!«), sofern sein Herr nicht »innert Jahr und Tag« Ansprüche auf ihn geltend machte, und mit ihren Befestigungen bot sie Schutz gegen kriegerische Überfälle. Auf dem Lande herrschte der Feudaladel, in den reichsfreien Städten das prosperierende Bürgertum. Die Stadtmauern setzten dem Zuzug ländlicher Bevölkerungsteile klare Grenzen, die erst fielen, als man wegen des Bevölkerungswachstums und der beginnenden Industrialisierung die Befestigungen schleifte.

Es ist bezeichnend, daß der wichtigste deutsche Stadtkritiker sein Hauptwerk bereits publiziert hatte, als die eigentliche Wachstumsperiode der Großstädte einsetzte [14]. W. H. Riehls Kritik richtet sich auch nicht gegen die Stadt schlechthin, sondern gegen die »künstliche« Stadt, diejenige, die man »künstlich zu Verkehrsmittelpunkten, zu Industriesitzen, zu großen Städten hat hinaufschrauben wollen« [15]. Nicht die Kritik am Elend des städtischen Proletariats, nicht die Suche nach einer fortschrittlichen Sozialordnung steht hier am Anfang, sondern der Blick zurück, die Sehnsucht nach der verlorengegangenen Einheit, nach der klaren Überschaubarkeit der feudalen Herrschaftsverhältnisse. »Zu Wunschbildern ästhetisierte gesellschaftliche Ordnungsverhältnisse« seien im Spiel, wenn »die mittelalterliche Stadt als organisch gewachsenes harmonisches Gebilde gelobt wird«, meint H. Berndt [16]. Alle Argumente romantischer Stadtkritik finden sich da, die bis heute im deutschen Sprachraum nicht vergessen sind: Die Großstadt ist »künstlich« im Gegensatz

---

[12] Klages, H.: Der Nachbarschaftsgedanke und die nachbarliche Wirklichkeit in der Großstadt, S. 11 ff.
[13] Cooley, C. H.: Social Organization, in (159). Die gleiche Tendenz wird auch in der deutschen Literatur festgestellt; am bekanntesten: Toennies, F.: Gemeinschaft und Gesellschaft.
[14] Bahrdt, H. P.: Wege zur Soziologie, S. 54.
[15] Riehl, W. H.: Land und Leute, S. 89.
[16] Berndt, H.: Das Gesellschaftsbild bei Stadtplanern, S. 55.

zum »natürlichen« Dorf; sie trägt zur biologischen Selbstzerstörung bei, weil die Fruchtbarkeit infolge der städtischen Geschlechtsmoral und Ehelosigkeit sinkt und die Bevölkerung auf ständige Ergänzung vom Lande her angewiesen ist; von dort zieht sie immer die Besten an, so daß ein allgemeiner Begabungsschwund die Folge ist; die Menschen in der Stadt sind, losgelöst von Dorf, Nachbarschaft und Familie, isoliert, die Großstadt gibt ihnen keine echten Bindungen als Ersatz, allgemeinverbindliche Verhaltensmuster fehlen; die Menge dieser isolierten Individuen bildet eine beliebig manipulierbare Masse; an die Stelle der alten hierarchischen Gesellschaftsordnung tritt die Klasse des Proletariats auf der einen und die Klasse der Bourgeoisie auf der anderen Seite; die sozialen Beziehungen sind nicht mehr am Menschen, sondern an egoistischen Zwecken orientiert, statt Gemeinschaft besteht Gesellschaft [17]. Die gleiche Argumentation findet sich, unter ausdrücklichem Bezug auf *Riehl*, auch noch in Werken der neueren deutschen Städtebauliteratur [18].

Dem ›Soziologen des deutschen Volkstums‹ [19], der sein Werk unter dem Titel ›Die Naturgeschichte des Volkes als Grundlage einer deutschen Social-Politik‹ publizierte, kam es darauf an, das drohende Übergewicht der Städte und damit der wurzellosen Proletarier über das Land zu verhindern. Zu diesem Zweck empfiehlt er auch die Ablehnung des allgemeinen Wahlrechts: »Das allgemeine Stimmrecht würde die bereits angebahnte Übermacht der großen Städte über das Land vollenden, während ein auf Seßhaftigkeit, eigenen Hausstand und Besitz gegründetes Stimmrecht das moderne Überwiegen der Stadt über das Land so ziemlich wieder ausgleichen würde.« [20]

Riehl sieht das Land aber nicht nur von dieser Seite her bedroht: »Zur Miethe wohnen ist aber durchaus nicht bäuerlich; in einem rechtschaffenen Dorf muß jede Familie ihr eigenes Haus allein bewohnen, und wäre es auch nur eine Hütte. So wie Miethsleute in die Häuser ziehen, zieht auch die Stadt aufs Land.« [21] Die angeführten Schäden spiegeln sich auch optisch in den Städten: »In der Architektur hat das Kasernensystem des modernen großstädtischen Häuserbaus den entschiedensten Schaden gestiftet und doch wird man es um so weniger aufgeben können, je mehr von Tag zu Tag die »vereinzelten Leute« den großen Städten zuströmen, während

---

[17] Zusammengefaßt nach Oswald, H.: Die überschätzte Stadt, S. 87 ff.
[18] Vgl. z. B. Literaturverzeichnis (69).
[19] Bernsdorf, W.: Internationales Soziologenlexikon, S. 457.
[20] Riehl, W. H.: Land und Leute, S. 96.
[21] Ebenda, S. 87.

kaum noch auf dem Lande die Familie das Haus bewohnt. Schon kann für die Überzahl der einzelnen Arbeiter und Tagelöhner in den Großstädten nicht mehr Raum geschafft werden, weil sie als Mieter den Häuserspeculanten nicht genügend Profit bieten.«[22] Während also in England die Stadtkritik des 19. Jahrhunderts auf das Elend in den Städten reagiert, entspringt sie in den USA dem realen Erfahrungshintergrund vieler Menschen aus der Pioniersituation, in Deutschland geht sie auf die Sehnsucht nach der als natürlich begriffenen hierarchischen Ordnung des Mittelalters zurück. Sie tritt ungefähr zur gleichen Zeit überall auf, erhält aber durch die kulturspezifischen Erfahrungen ihre jeweils eigene Gestalt. Entsprechend sind auch die Versuche, in idealen Stadtentwürfen eine positive Antwort auf die beobachteten Mißstände zu finden, immer auf dem Hintergrund der spezifischen Sozialgeschichte zu sehen; und der greift wohl daneben, der für ein in seinem eigenen sozialen Kontext formuliertes Problem eine Lösung anbieten will, die gar nicht auf die gleiche Frage antwortet [23].

2.2 Antworten auf die Großstadtkritik

2.2.1 Die Gartenstadt oder Am Ende Sozialromantik

Die englische Stadtkritik entzündete sich vor allem am materiellen Elend der Arbeiter in den Industriezentren, vor allem in London. Konsequenterweise versuchte auch der wichtigste Reformvorschlag, eine Lösung auf dieser Ebene zu liefern: *E. Howards* Konzept der Gartenstadt [24] muß zuerst von seiner ökonomischen Dimension her verstanden werden. Der Entwurf ist durchaus nicht antistädtisch; die relativ geringe Wohndichte entspricht lediglich der englischen Tradition des Einzel- oder Reihenhauses. Die wichtigste Frage der Wohnungspolitik – die Bodenfrage – ist dort recht überzeugend gelöst worden: Ein Trust-Kollegium kauft den Boden und gibt ihn an Bauinteressenten im Baurecht ab. Alle Einnahmen der Gartenstadt kommen aus Baurechtszinsen, alle Infrastrukturleistungen werden aus ihnen finanziert. *Howards* Vorschlag zu einer neuen kommunalen Wirtschaftsstruktur sollte sich gesellschaftsverändernd auswirken, das war ihm selbst klar. Aber wohl niemand war weniger

---

[22] Ebenda, S. 99.
[23] Pfeil, E.: Großstadtforschung (1. Aufl.), S. 126, kann als (inzwischen revidiertes Beispiel) dienen.
[24] Howard, E.: Tomorrow: A Peaceful Path to Real Reform, bekannter unter dem Titel der zweiten Auflage: Garden Cities of Tomorrow.

an tiefgreifender Strukturreform interessiert als das England des beginnenden 20. Jahrhunderts. *Howards* Buch blieb zunächst auch ziemlich unbeachtet, bis er selber durch die Gründung der ersten Gartenstädte Letchworth und Welwyn Garden City und durch großangelegte Propagandakampagnen auf sich aufmerksam machte. Aber Kritiker wie Epigonen haben den wichtigsten: den ökonomischen Gartenstadtgedanken entschärft, haben ihn in ein technisches Planungskonzept uminterpretiert, bei dem man sich über Dichteziffern und Straßenführungen streiten konnte und damit tiefergreifenden Implikationen aus dem Wege ging: die Epigonen, indem sie ihre eigenen Vorstellungen von Gemeinschaftsbildung in die Gartenstadtidee hineinprojizierten [25]; von den Kritikern wird *Howard* unversehens zum Kapitalistenknecht gestempelt [26], weil er frühere Reformkonzepte »entschärft und zu einer neuen Formulierung vereint, zu der sich alle Reformer bekennen können, die aber auch von der bestehenden Gesellschaft nicht als Gefahr angesehen werden muß« [27]. So ist auch im Greater London Plan, der die Gartenstadtidee aufgriff, von den kommunalwirtschaftlichen Grundlagen nicht mehr die Rede. Die Gartenstadt wird mit Romantik verkleistert, Community Centres zu Garanten einer konfliktfreien Gesellschaft verklärt [28], und endlich wird diese Vorstellung *Howard* unterschoben und so von Planern und Soziologen kritisiert. Den ursprünglichen Text haben Ökonomen bis heute kaum zur Kenntnis genommen und auf seine praktische Durchführbarkeit überprüft.

2.2.2 *Die Nachbarschaftseinheit oder Das Dorf in der Großstadt*

Vom zweiten wichtigen Planungskonzept, der Nachbarschaftseinheit, ist bereits gesprochen worden, so daß hier nur noch einige Präzisierungen anzuführen sind. Die Ökologen hatten in ihren Großstadtuntersuchungen die natural areas gefunden, jene homogen strukturierten ungeplanten Gebiete in der Großstadt. *C. A. Perry* übernahm diesen Befund als Norm, fügte ein Verkehrskonzept hinzu (damit auf die allgemeine Bestürzung über die Verkehrsunfall-

---

[25] So etwa bei Posener, der die letzte deutsche Ausgabe des Howardschen Werkes herausgegeben und eingeleitet hat.
[26] Zum Beispiel bei Berndt, H.: Das Gesellschaftsbild bei Stadtplanern, S. 37, oder bei Schoof, H.: Idealstädte und Stadtmodelle als theoretische Planungskonzepte, S. 72.
[27] Schoof, H.: Idealstädte und Stadtmodelle als theoretische Planungskonzepte, S. 72.
[28] Orlans, H.: Stevenage, S. 99 f.

statistik reagierend), schlug als Größe den Einzugsbereich einer Volksschule, also etwa 5 000 Personen vor und machte so daraus eine praktikable Planungseinheit [29]. Allerdings war *Perry*, so betont *Mann*, äußerst vorsichtig in seinen Aussagen über die Nachbarschaftseinheit als soziales Gebilde [30]. *Riemer* hat auf einen Umstand hingewiesen, der zur Verklärung dieses Konzeptes mit beigetragen haben mag: Immobilienmakler haben immer wieder versucht, ihren Kunden die Vorteile des »Dorfes in der Großstadt« zu verkaufen. Diese »garantierten Nachbarschaften« hatten ihren größten Vorzug im Ausschluß niederer Statusgruppen von aufwendigen Freizeiteinrichtungen, und sie versprachen Schutz gegen die Invasion von Gruppen, die das Prestige des Wohnquartiers bedrohten [31]. Dabei ging man oftmals so weit, die Nachbarschaften durch Mauern oder Hecken nach außen abzuschließen. Daraus entsteht dann das, was *J. Jacobs* als das »Vakuum der Grenzzonen« beschrieben hat [32]. Dieses »Village in the Metropolis« [33] ist auch von Soziologen mit dem Argument gerechtfertigt worden, die amerikanische Demokratie sei immer wieder neu aus der Nachbarschaft analog zu jener der Pioniersituation aufgebaut worden [34].
Bei der Rezeption der Nachbarschaftseinheit hat man immer wieder vergessen, daß in den USA, ähnlich wie in England, das Einfamilienhaus die bei weitem dominierende Wohnhausform ist. Dies gilt nicht nur für Los Angeles, das als Einfamilienhauswüste bekannt ist, sondern auch für die Suburbs anderer amerikanischer Städte.
Am Konzept der Nachbarschaftseinheit hat sich eine Auseinandersetzung entzündet, die bis heute andauert: Die Frage, ob solche Quartiere sozial homogen oder heterogen zu strukturieren seien, ist nach wie vor kontrovers. Auf dieses Problem wird auch hier noch intensiver einzugehen sein.

2.2.3 Deutsche Vorschläge oder Heimweh nach Fiktionen

In Deutschland hat sich, entsprechend der wechselvollen historischen Entwicklung, keine weitgehend akzeptierte Planungsdoktrin aus-

---

[29] Klages, H.: Der Nachbarschaftsgedanke und die nachbarliche Wirklichkeit in der Großstadt, S. 18 ff.
[30] Mann, P. H.: An Approach to Urban Sociology, S. 171.
[31] Riemer, S.: Villagers in Metropolis, in (159), S. 595.
[32] Jacobs, J.: Tod und Leben großer amerikanischer Städte, S. 146 ff.
[33] So der Titel eines Aufsatzes von Riemer.
[34] Zum Beispiel bei Bahrdt, H. P.: Humaner Städtebau, S. 98 f.

bilden können. Allerdings gibt es eine Reihe von Konzepten, die eine Antwort auf die spezifisch deutschen Züge der Großstadtkritik zu geben versuchen. Die drei wichtigsten davon sollen hier kurz skizziert werden.

T. Fritsch, dessen »Stadt der Zukunft« (1896) *Howards* Gartenstadt in manchem ähnelt, ist heute nahezu vergessen. Der extreme Antisemitismus und das ständestaatliche Gesellschaftsbild, die er vertrat, sind auch in sein Stadtmodell eingegangen. Er unterscheidet sieben Zonen, die, voneinander streng getrennt, konzentrisch von innen nach außen anzuordnen wären: »1. Die öffentlichen Gebäude, die nicht den alltäglichen Bedürfnissen dienen (Museen, Bibliothek, Rathaus etc.); 2. reiche Villen; 3. Wohnhäuser für gehobene Ansprüche; 4. Geschäfts- und Wohnhäuser; 5. Arbeiterwohnungen und kleinere Werkstätten; 6. Fabriken, Lagerplätze etc.; 7. Gärtnereien, Mietgärten etc.«[35] Mit dieser Stadt, die als »Pflanzschule deutschen Lebens« dienen soll, will *Fritsch* »experimentelle Feststellungen machen, deren Ergebnis (...) auf das große Ganze«[36] übertragen werden kann.

Zunächst lehnt *Fritsch* den Weg von der Stadt zurück aufs Land ab. Er sucht eine dichte Stadt, darin der deutschen Tradition folgend. Erst nach dem Erscheinen von *Howards* Arbeit über die Gartenstadt, die 1902 erstmals ins Deutsche übersetzt wurde, spricht er davon, den »wahnwitzigen Zug zur Stadt in einen vernünftigen Zug nach dem Lande umzuwandeln«[37]. Trotz vieler Gemeinsamkeiten der beiden Autoren – beide wollen den Boden in Gemeindeeigentum überführen und aus Baurechtszinsen die Infrastrukturleistungen finanzieren, beide wollen Anstöße zu gesellschaftlicher Reform geben – ist doch kaum zu übersehen, daß sich die Zielvorstellungen deutlich unterscheiden: wo *Howard* die Reformation sucht, redet *Fritsch* der Restauration das Wort.

Von *Fritsch* ist der Weg nicht weit zu *G. Feder* und seinem Konzept der »Neuen Stadt«: »Die Städte der Zukunft werden ein anderes Gepräge tragen. Sie werden wie die einzelnen Bauten aus dem Geist der neuen Zeit heraus gestaltet werden müssen. Diese neuen Städte einer neuen Weltanschauung werden der sichtbarste und dauerndste Ausdruck eines neuen Gemeinschaftswillens sein.«[38] – »Die Städte der Zukunft müssen in Plan und Aufbau, in ihrer harmonischen Eingliederung in Landschaft und Umgebung, in ihrem Verhältnis

---

[35] Schoof, H.: Idealstädte und Stadtmodelle als theoretische Planungskonzepte, S. 68.
[36] Fritsch, T.: Die neue Gemeinde, zit. nach (161), S. 67.
[37] Fritsch, T.: Die Stadt der Zukunft (2. Aufl.), zit. nach (161), S. 71.
[38] Feder, G.: Die neue Stadt, S. 1.

zu Kreis, Gau und Reich ein lebendiger Ausdruck des neuen von Adolf Hitler geschaffenen Großdeutschland sein.«[39]

Am meisten fällt neben dem hierarchischen Aufbau des »Stadtorganismus« aus »Siedlungszellen«, in dem selbstverständlich dem Ortsgruppengebäude der NSDAP ein zentraler Standort zugewiesen wird, das Statische dieses Entwurfes auf: Aus einer großen Zahl detaillierter Erhebungen werden allgemeinverbindliche Richtlinien abgeleitet, deren »wesentlicher Mangel wohl darin liegen dürfte, daß ihnen nicht die Annahme eines dynamischen Entwicklungsprozesses zugrundeliegt«[40]. Die Assoziation zur Erwartung des »tausendjährigen Reiches« greift hier wohl kaum daneben.

Mit der Richtgröße von 20 000 Einwohnern möchte *Feder* einerseits die Schäden der »chaotisch gewachsenen Häusersammlungen unserer modernen Großstädte«[41] vermeiden, andererseits die Überschaubarkeit und Intimität des Dorfes mit einem ausreichenden Angebot an Dienstleistungen verbinden.

Am Rande sei hier noch ein anderer interessanter Zug erwähnt: die seltene Eindeutigkeit und Klarheit, in der der ideologische Aspekt der Ästhetik zu Tage tritt. Gegen den Vorwurf, die Häuser seiner neuen Stadt seien uniform und ergäben ein monotones Bild, wehrt *Feder* sich folgendermaßen: »Wenn der Vergleich gestattet ist – und er ist, glaube ich, durchaus zutreffend –, wird man auch die Schönheit der Uniformierung entdecken, wie sie ja bei der Uniform selbst uns sehr zum Bewußtsein kommt. Die Uniform ist zweifellos schöner als die bürgerliche Zivilkleidung in ihrer langweiligen, eigensinnigen oder kapriziösen Verschiedenheit in Farbe, Stoff, Zuschnitt usw. Bei der Gleichartigkeit der Uniform ist aber noch genügend Möglichkeit gegeben – beim Haus wie bei der Uniform – sie durch Kragenlitzen, farbige Aufschläge, Regimentsnummern, blitzende Knöpfe, Dienstgradunterscheidungszeichen usw. zu verschönern, wie es auch beim Einzelsiedlungshaus sehr leicht möglich ist, durch künstlerischen Schmuck an der Eingangstür, in der Bepflanzung und der Gestaltung des Vorgartens, durch Blumenschmuck, Bemalung oder durch vorsichtige und geschmackvolle Anwendung bildhauerischer Arbeiten jede Eintönigkeit zu beheben.«[42] Das Zitat zeigt eindringlich, daß auch das Streben nach Ästhetik, von vielen Architekten seit der Antike als absoluter Wert begriffen (*Platons* Kalokagathia, die Identität des Schönen und des Guten, dürfte wichtigster Ausgangs-

---

[39] Ebenda, S. 2.
[40] Schoof, H.: Idealstädte und Stadtmodelle als theoretische Planungskonzepte, S. 181.
[41] Feder, G.: Die neue Stadt, S. 1.
[42] Ebenda, S. 436.

punkt dieser Vorstellung sein), immer auch gesellschaftliche Verhältnisse reflektiert und in den Dienst politischer Absichten gestellt werden kann [43].

Das dritte Beispiel stammt aus dem Jahr 1957: »Die gegliederte und aufgelockerte Stadt« von *J. Goederitz, R. Rainer* und *H. Hoffmann*. Ihnen erscheint die »städtische Umwelt umso künstlicher, verwickelter, unnatürlicher und damit ungesünder«, je größer die Städte sind [44]. Hier finden sich alle wesentlichen Argumente wieder, die von der romantischen Großstadtkritik, vor allem von *Riehl*, auf den sich die Autoren ausdrücklich beziehen, formuliert worden sind. Auch die Lösung, die sie vorschlagen, erinnert an bereits Bekanntes: »Wie die Masse der Menschen durch Gruppierung und Gliederung organisiert und übersichtlich gemacht wird, so kann auch der Stadtraum, die Masse der städtischen Baugebiete als das bauliche und räumliche Gefäß des menschlichen Lebens, nur durch Gliederung in überschaubare Einheiten geordnet, d. h. ›organisiert‹ werden. Das bedeutet grundsätzlich die Aufgliederung der großen Masse großstädtischer Baugebiete, wie überhaupt jedes größeren nicht einfach übersehbaren Siedlungsgebildes in mehrere in sich abgeschlossene Stadtbezirke, Stadtzellen, Nachbarschaften usw., die deutlich voneinander abzutrennen sind, bis zu einem gewissen Grade zu einem Eigenleben fähig sein und sich trotzdem in ihrer Gesamtheit zu einem größeren Ganzen fügen müssen.« [45] Die Autoren greifen dabei auf die Nachbarschaftseinheit zurück, die auch hier als Einzugsbereich einer Grundschule, das heißt mit etwa 5 000 Menschen definiert wird. Vier Nachbarschaften ergeben eine »Stadtzelle«, drei Stadtzellen einen »Stadtbezirk«, vier Stadtbezirke einen »Stadtteil« und drei Stadtteile schließlich eine Stadt mit rund 600 000 Einwohnern. Auch sie wiederholen einmal mehr die Gefahr der Vermassung, die durch die »üblich gewordene Übereinanderhäufung der Wohnungen noch verstärkt« werde [46]; hier finden sich die biologische Selbstzerstörung, der kulturelle Niedergang wieder, hier wird noch einmal die Auflösung der Stadt in Dörfer, jeweils begrenzt durch Grünstreifen, empfohlen. Familiengerechte Einfamilienhäuser erfordern zwar so viel Boden, daß daraus eine »Stadtlandschaft« werden müsse, aber schließlich können die Kraftfahrzeuge »erst in weiten Räumen ihre Vorzüge voll entfalten« [47]. Auch die Gartenstadt wird

---

[43] Darauf wird auch hingewiesen in Berndt, H.: Das Gesellschaftsbild bei Stadtplanern, S. 108 ff.
[44] Goederitz, J.; Rainer, R.; Hoffmann, H.: Die gegliederte und aufgelockerte Stadt, S. 9.
[45] Ebenda, S. 24.
[46] Ebenda, S. 14.
[47] Ebenda, S. 27.

herangezogen, das englische und niederländische Einfamilienhaus bemüht, während sich »Schweden, das durch seine modernen, mit allem Komfort ausgestatteten Wohnhochhäuser bekannt ist, durch seine niedrige Geburtenziffer« auszeichnet [48]. Der Irrationalismus der Großstadtkritik ist wohl nirgends so deutlich wie in Deutschland. Nachbarschaft und Dorf werden flugs zu Idealen erhoben, die all das leisten, was das negative Zerrbild der Großstadt nicht zu leisten in der Lage ist: Nachbarschaft und Dorf sind natürlich im Gegensatz zur künstlichen Stadt; sie weisen höhere Geburtenziffern auf als die Städte; sie liefern Gemeinschaft und soziale Kontrolle, die Sozialbeziehungen sind menschlich, nicht sachlich motiviert, an die Stelle eines nivellierten Mittelstandes tritt die natürliche hierarchische Ordnung der Gesellschaft. Kurz: »Im ›organischen Städtebau‹ wird der Fortschritt der städtischen Vergesellschaftung verleugnet.«[49] – »Dem Leitbild entspricht ein gegliederter Aufbau der Gesellschaft von den natürlichen und nachbarschaftlichen Gemeinschaften in geschlossener Stufenfolge von der Familie über Nachbarschaftseinheiten, Gemeinde, Landschaft, Land und Bund. So ist eine aufgelockerte und gegliederte, naturverbundene Siedlungsweise eine Forderung des Leitbildes.«[50] *E. Pfeil* hat ein weiteres Element angeführt, das nicht selten bewußt oder unbewußt hinter den Ausführungen zur Großstadt stehen mag: »Und wie sehr wir auch der Welt der Türme und Wohnhochhäuser ihre Chance einräumen wollen – wir können uns eine gesunde Sozialumwelt doch am besten denken in Gartenstädten (...), die dem Manne das Selbstbewußtsein dessen vermitteln, der Herr im eigenen Hause ist und die ihn beteiligen an dem Leben einer Siedlungsgemeinschaft.«[51] Mit der Anspielung auf Haus- und Bodenbesitz als wesentlichen Elementen einer gesunden Sozialumwelt wird an die alte Nachbarschaft angeknüpft, erscheint eben sie als die logische Alternative zum Moloch Großstadt.

2.3 Zur Sozialgeschichte der Nachbarschaft

Wenn ich mich im folgenden weitgehend auf die Darstellung der deutschen Situation beschränke, so bedarf dieses Vorgehen einer Begründung. Zu Beginn des zweiten Teiles wird Gelegenheit sein, dies unter einem erweiterten Blickwinkel nachzuholen.

[48] Ebenda, S. 35.
[49] Berndt, H.: Das Gesellschaftsbild bei Stadtplanern, S. 54.
[50] Sachverständigen-Ausschuß für Raumordnung: Die Raumordnung in der Bundesrepublik Deutschland, zit. nach (24), S. 54.
[51] Pfeil, E.: Großstadtforschung, S. 213.

2.3.1 Dörfliche Nachbarschaft vor der Industrialisierung

Im vorindustriellen Dorf stößt man auf jene begriffskonstituierenden Merkmale der Nachbarschaft, die im Abschnitt über die Etymologie des Wortes aufgeführt worden sind: räumliche Nähe, Haus- und Grundbesitz, landwirtschaftliche Tätigkeit sowie auf das Bewußtsein von einer Einheit, das sich in mehr oder weniger klar definierten Verhaltensmustern niederschlägt, die oftmals stark formalisiert sind. »Die soziologisch relevanten Aspekte der ländlichen Nachbarschaftsbeziehungen in Europa bestehen darin, daß sie Beziehungen zwischen Bewohnern benachbarter Höfe darstellen, die oft über mehrere Generationen zurückreichen, daß sie nicht freiwillig, sondern verpflichtend sind, daß sie mehr dem Hof als den wechselnden Bewohnern anhaften, und daß sie sowohl gegenseitige Hilfe in Notlagen als auch gemeinsame Teilhabe an freudigen Ereignissen betreffen«[52], so stellt *Heberle* in seinem bemerkenswerten Beitrag »Das normative Element in der Nachbarschaft« fest. Nachbar wird als soziale Rolle verstanden, die innerhalb genau umschriebener Situationen in ganz bestimmten institutionalisierten Formen aktualisiert wird. Dieser Aspekt wird nicht immer begriffen, etwa dann nicht, wenn über den segmentären Charakter städtischer Sozialbeziehungen geklagt wird. Soziale Rollen sind definitionsgemäß segmentär, umfassen nie die gesamte Persönlichkeit, und sie sind immer an bestimmte Situationen gebunden. Sind die erforderlichen Situationsmerkmale gegeben, so wird das normkonforme Verhalten durch Sanktionen erzwungen, die je nach dem Grad der Formalisierung der Verhaltenserwartungen mehr oder weniger formellen Charakter haben können. So wird zum Beispiel die soziale Rolle »Vater« nur ausnahmsweise am Arbeitsplatz aktualisiert, und die an diese Rolle gebundene Verhaltenserwartung »Spielen mit dem Kind« würde im Betrieb etwa durch Tadel negativ sanktioniert.

Der von *Herberle* angedeutete institutionelle Charakter der nachbarschaftlichen Beziehungen kann auf verschiedene Umstände zurückgeführt werden: »1. Das große Maß an Handarbeit, das bei vielen Verrichtungen gemeinsame Arbeit als besonders zweckmäßig erscheinen ließ; 2. die Unmöglichkeit und Ungewöhnlichkeit – aus finanziellen und verkehrstechnischen Gründen – größere Arbeiten (...) einem Unternehmer zu übertragen. So mußte man zwangsläufig auf die Hilfe der Nachbarn zurückgreifen; 3. mit der Armut, der verkehrsmäßigen Abgeschlossenheit und der damit vorherrschenden Produktion für den Selbstverbrauch hing weiter die wenig ausgebildete kommerzielle Einstellung zusammen. Man hatte Zeit für-

---

[52] Heberle, R.: Das normative Element in der Nachbarschaft, S. 183.

einander, und das Wissen um die Bereitschaft zur Gegenseitigkeit genügte als Entgelt.«[53] Diese Merkmale werden prinzipiell auch von *Isaacs* bestätigt, wenn auch für den amerikanischen Sozialzusammenhang[54]. Zwei weitere Momente können hier noch angefügt werden: 1. betont der Eigentumsbegriff des germanischen Rechtes, der bis zur Französischen Revolution im deutschen Sprachbereich vorherrschte, den Gemeinschaftscharakter vor allem des Grundeigentums (auf ihm gründete ja wesentlich das mittelalterliche Feudalsystem; heute sind nur noch Relikte davon erhalten, etwa die Allmende oder die Korporation in der Innerschweiz). Die Doktrin des Privateigentums stammt aus dem römischen Recht und wurde nach der Französischen Revolution übernommen, um die Befreiung der Bauern zu ermöglichen. 2. ist das vorindustrielle Dorf anders angelegt als wir es heute kennen. *Wurzbacher* zitiert dazu zwei interessante Quellen: »Seit ›unerdenklichen‹ Zeiten waren die Ortschaften Zudörfer, durch Zäune oder Hecken umschlossen, Schlagbäume waren an den Wegen, die ins Dorf führten und abends heruntergelassen wurden. Die Einwohner bildeten eine Nachbarschaft, die an traditionsmäßige Satzungen, die Nachbarrechte, gebunden waren, deren Übertretung der Hunn (Bauernrichter, Bauernmeister) ahndete«, so schreibt ein Heimatforscher, der nicht namentlich genannt ist, damit die Anonymität der *Wurzbacherschen* Untersuchung gewahrt bleibt[55]. In einer dieser Nachbarschaftssatzungen steht zum Beispiel: »Weiter erkennen die Nachbarn, was auswendig herkommt, soll beizeiten von der Obrigkeit oder (...) der Nachbarschaft mit sich bringen, wie er sich allda verhalten, und dabei 50 Taler Kaution stellen, ehe und bevor ihm das Nachbarrecht mitgeteilt werde, und seinen Nachbareid leisten. Ursach, wo derselbe übertreten würde, daß die Strafe wegen unseres Gnädigsten Fürsten und Herrn den Nachbarn erzeiget werden könnte.«[56] *Oppen* hat Relikte solcher Formen noch 1953 in Westfalen gefunden und beschrieben. »Ein wesentlicher Zug des alten ländlichen Gemeinwesens war der Zusammenschluß der Einwohnerschaft zu wohl unterschiedenen ›Nachbarschaften‹ gewesen. Diese Sitte war früher über die meisten Teile des deutschen Sprachgebietes verbreitet.«[57]
Auch die Frage nach den eigentlichen Trägern der Nachbarschaft ist in diesem Zusammenhang interessant. *Wurzbacher* fand sie vor

---

[53] Wurzbacher, G.: Das Dorf im Spannungsfeld industrieller Entwicklung, S. 114.
[54] Isaacs, R. R.: Attack on the Neighborhood-Unit Formula, in (179), S. 110.
[55] Wurzbacher, G.: Das Dorf im Spannungsfeld industrieller Entwicklung, S. 138.
[56] Ebenda.
[57] Oppen, D. v.: Familien in ihrer Umwelt, S. 75.

allem unter den Männern und Jugendlichen: »Von den Frauen wird berichtet (...), daß sie arbeitsmäßig zu stark im Hause eingespannt waren und weniger Zeit für nachbarliche Geselligkeit fanden.«[58] »Die Männer pflegten vor allem im Winter nahezu allabendlich – aber auch in den anderen Jahreszeiten häufig genug – nach Beendigung ihrer Arbeit reihum bei den Nachbarn zusammenzukommen, meistens jedoch in einem besonders bevorzugten Haus, um sich zu unterhalten und Karten zu spielen. Manche Häuser wurden so zu regelrechten Dorfzentren [59].« – »Hier wurden in einer Art informellen Dorf›parlamentes‹ alle Neuigkeiten, die dem einzelnen begegnet waren, mitgeteilt, besprochen, gewogen an dem Bestand bisheriger Erfahrungen und tradierter Denk- und Verhaltensformen [60].«

Gibt es nun so etwas wie einen Grundzug, auf den sich die Nachbarschaftsbeziehungen des vorindustriellen Dorfes zurückführen lassen, der als Ansatzpunkt zu einer Erklärung brauchbar wäre? Man darf sicher festhalten, daß die Erscheinungsweisen der Nachbarschaft im vorindustriellen Dorf nicht ausschließlich, aber doch wesentlich durch die *ökonomische Situation* bestimmt waren. *Riemer* ist gerade auch in dieser Beziehung zuzustimmen, wenn er schreibt: »Die Bevölkerung kleiner Städte und Dörfer wird durch die Allgegenwärtigkeit wirtschaftlichen Drucks zur Übereinstimmung mit sozial gebilligtem Verhalten gebracht. Dadurch, daß sich zahlreiche ökonomische wie soziale Beziehungen innerhalb eines begrenzten geographischen Raumes überschneiden, erhalten auch die oberflächlichsten sozialen Kontakte ökonomische Bedeutung.«[61] Nachbarschaft, so wird auch in neueren Untersuchungen immer wieder betont, ist ihrem Charakter nach zuerst Nothilfegemeinschaft, und je mehr die Nachbarn aufeinander angewiesen sind, desto eindeutiger sind im allgemeinen die Verhaltenserwartungen und desto schärfer sind die Sanktionen, mit denen deren Verletzung bedroht wird.

Einzugehen wäre noch auf ein Argument, das *R. Koenig* angeführt hat. Nach ihm stellt die Gemeinde per definitionem eine globale Gesellschaft auf lokaler Basis dar; sie kann also nie in dem Sinn »überschaubar« sein, wie es von den Nachbarschaftsideologen vermutet wird [62]. Dem muß natürlich widersprochen werden, denn der Begriff »Gemeinde« umfaßt ja das ganze Kontinuum vom Weiler, der lediglich aus zwei Bauernhöfen bestehen kann, bis hin zur

---

[58] Wurzbacher, G.: Das Dorf im Spannungsfeld industrieller Entwicklung, S. 122.
[59] Ebenda, S. 123.
[60] Ebenda, S. 125.
[61] Riemer, S.: Villagers in Metropolis, in (159), S. 596.
[62] König, R.: Grundformen der Gesellschaft: die Gemeinde, S. 47.

Millionenstadt. Zweifellos war ein kleines Dorf in dem Sinne überschaubar, daß einer den anderen oft bis in intime Familienangelegenheiten hinein kannte. Gerade daraus kann ja erst der Typus des Fremden entstehen, wie *Simmel* ihn in einem berühmt gewordenen Exkurs [63] beschrieben hat. »Diese Kenntnis und die damit verbundene Chance, starke soziale Kontrolle ausüben zu können, beruht nur zum Teil auf physischer Nähe und der Kleinheit und relativen Überschaubarkeit des dörflichen Sozialzusammenhangs. Wichtiger erscheinen die Gemeinsamkeiten, die vom selben politischen Ordnungsbild, bis zum 19. Jahrhundert vermittelt durch die Grund-, Leib- und Gerichtsherrschaft des Adels, von der gleichen Religion, von gleicher oder ähnlicher ethnischer Tradition und von einem starken wirtschaftlichen Aufeinanderangewiesensein herrühren.« [64] Allerdings bedeutet das nicht, und hier ist *König* zuzustimmen, daß die Sozialbeziehungen im Dorf harmonisch und konfliktfrei gewesen seien. Im Gegenteil: »Dem räumlich Nahen gegenüber, mit dem man sich in den beiderseitig verschiedensten Lagen und Stimmungen ohne die Möglichkeit von Vorsicht und Auswahl berührt, pflegt es nur dezidierte Empfindungen zu geben, so daß diese Nähe die Grundlage sowohl des überschwenglichsten Glückes wie des unerträglichsten Zwanges sein kann. Es ist eine sehr alte Erfahrung, daß Bewohner des gleichen Hauses nur auf freundlichem oder auf feindlichem Fuße stehen können.« [65] Und in seinem Aufsatz »Der Streit« [66] hat *Simmel* herausgearbeitet, daß Konflikte gerade dort besonders heftig sein können, wo die Kontrahenten einander besonders gut kennen, daß aber andererseits solchen Konflikten immer auch integrierende Funktion innewohnt.

Außer der Tatsache, daß sie die Bedeutung ökonomischer Faktoren kaum richtig eingeschätzt haben, erkannten die Nachbarschaftsideologen im allgemeinen nicht, daß die soziale Kontrolle im vorindustriellen Dorf häufig so rigide Züge annahm, daß sie als eines der Motive für die Landflucht angesehen werden kann [67]. Demgegenüber ist man offenbar häufig der Meinung, daß aus der Gemeinsamkeit der Verhaltensweisen, die durch soziale Kontrolle erzwungen wird, auf konfliktfreie Gemeinschaft geschlossen werden dürfe. »Ein Paradies« aber, so schreibt *Koetter*, »ist die ländliche Gesellschaft nie gewesen.« [68]

[63] Simmel, G.: Soziologie, S. 509 ff.
[64] Oswald, H.: Die überschätzte Stadt, S. 32.
[65] Simmel, G.: Soziologie, S. 482.
[66] Ebenda, S. 186 ff.
[67] Branckenburg, P. v.: Einführung in die Agrarsoziologie, S. 70.
[68] Kötter, H.: Ländliche Soziologie in der Industriegesellschaft, in (165), S. 134.

2.3.2 Nachbarschaft in der mittelalterlichen Stadt

Das kann ebensowenig von der mittelalterlichen Stadt behauptet werden, die häufig dazu herhalten muß, uneingestandene Sehnsüchte nach der »natürlichen« hierarchischen Sozialordnung zu illustrieren. »Ebenso wie die Landgemeinde wurde auch die mittelalterliche Stadt seit der Romantik oft als harmonische Einheit gleicher Genossen charakterisiert«[69], mit diesem Hinweis beginnt *Oswald* seine lebendige Schilderung der mittelalterlichen Stadt. Zwar, so meint er, seien Städte aus dem Vorbild zweckrationaler Organisationen heraus entstanden; Zweckrationalität alleine reiche jedoch zu ihrem Verständnis keineswegs aus. Dazu muß vielmehr auf vorgängige Gemeinsamkeiten zurückgegriffen werden: Gilde, Zunft, Stadtgemeinde. Anders als heute, wo man immer wieder vom segmentären Charakter städtischer Sozialbeziehungen spricht, determinierten jene Organisationen weit mehr als nur jenes Rollenverhalten, das ihren unmittelbaren Zwecken direkt entspringt. Die Gemeinsamkeiten der Religion, des Standes, der Rechte etc. erst ermöglichten soziale Kontrolle und verliehen zweckrationalem Handeln damit seine Wirksamkeit.

Es wäre falsch, würde man die mittelalterliche Stadt als Summe von Primärgruppenbeziehungen verstehen. Zwar enthielt sie neben der Familie mannigfache primärgruppenhafte Gebilde, die das Verhalten der Gruppenmitglieder bestimmten; ihre soziale und politische Struktur war aber zu sehr differenziert, als daß von »Überschaubarkeit« gesprochen werden dürfte. Ein Wir-Bewußtsein, wenn es so etwas überhaupt gegeben hat, bildete sich an den Unterschieden aus, die zum Nichtstädter bestanden, an den Privilegien, die der Städter genoß[70]. Sie wurden ihm erst nach Ableisten einer Probezeit gewährt, erst nach der Erfüllung bestimmter Bedingungen wurde er zum »Genossen«[71]. Andererseits trat er damit auch in einen Solidaritätszusammenhang ein.

»Die Ungleichheit von Beruf und Besitz gehört zum Ordnungsbild, so daß das jeweilige Zusammensiedeln gleicher Stände oder Berufe, die ökologische Segregation, als Ausdruck der Integration gedeutet werden kann.«[72] Allerdings übersieht auch *Oswald* nicht, daß die Legitimität der Klassenstruktur nicht immer unangefochten war. Die Grundordnung wurde jedoch durch Aufstände (z. B. der

---

[69] Oswald, H.: Die überschätzte Stadt, S. 49.
[70] Ebenda, S. 52.
[71] Zur Herkunft dieses Begriffes vgl. ebenda, S. 50 f.
[72] Ebenda, S. 55.

Gesellen) nicht prinzipiell in Frage gestellt, die Tatsache der Ungleichheit nie bestritten. Auch die lokale Basis des gesellschaftlichen Zusammenhanges war wegen der geringen Kommunikationsmöglichkeiten nicht gefährdet; zwar zeichneten sich die oberen Klassen immer durch überlokale Orientierung aus, das galt aber nicht für den weitaus größten Teil der städtischen Bevölkerung, der wegen seines Analphabetentums seine Informationen über die Außenwelt aus den Berichten fahrender Händler und Sänger beziehen mußte. Die lokale Prägung dominierte, sie wurde durch soziale Kontrolle erzwungen [73]. Das manifestiert sich einerseits in der besonderen sozialen Stellung des »Fremden« [74], andererseits aber auch im formellen Recht. *Simmel* erwähnt hier unter anderem »das Stadtrecht von Harlem, das 1245 bestimmte, es solle keine Ausbürger geben: jeder Bürger ist verpflichtet, in der Stadt zu wohnen, die er nur zur Aussaat und zur Ernte je 40 Tage verlassen darf« [75]. Ähnliche Regelungen haben offenbar in vielen europäischen Städten bestanden.

Die Vorstellung von der Freiheit der Städte täuscht nur zu leicht darüber hinweg, daß es in ihnen immer auch Gruppen minderen Rechtes (z. B. die Juden) gab, deren Verhalten streng reglementiert war. Die generalisierende Frage nach dem sozialen Charakter der Stadt ist im vorliegenden Bezug ebenso unsinnig wie die nach dem Charakter der Nachbarschaft, unsinnig, weil auf ein inadäquaten Abstraktionsniveau gestellt. Sie versperrt die Einsicht nicht nur in die wichtigen sozialen Differenzierungen, sondern auch in die bedeutenden regionalen Unterschiede [76].

Wer, wie *Riehl*, die mittelalterliche Stadt idealisiert, vergißt regelmäßig auch wichtige existentielle Faktoren, aus denen sich die enge Integration städtischer Gruppierungen verstehen läßt: Diese lassen sich – in heutiger Terminologie – unter die Formel »rudimentärer Ausbau der Infrastruktur« subsumieren. Man denke etwa nur an die hohe Seuchenanfälligkeit, die, wenigstens zum Teil, auf die aller Hygiene spottenden Methoden der Müllbeseitigung zurückzuführen ist. Vielfältige Aufgaben der ökonomischen Versorgung, der Sicherheit in Kriegs- und Katastrophenfällen, der sozialen Fürsorge erforderten zu ihrer Bewältigung genossenschaftsähnliche Organisationen der Bürger, die räumlich bestimmt waren durch das Zusammensiedeln von Berufsgruppen. Daran erinnern heute nur noch Straßennamen: Kesslergasse, Metzgergasse etc. Die Stadt stellte nur Ele-

---

[73] Ebenda, S. 59.
[74] Simmel, G.: Soziologie, S. 509 ff.
[75] Ebenda, S. 472.
[76] Diese werden beschrieben von Weber, M.: Wirtschaft und Gesellschaft, S. 923 ff.

mente der »Basiserschließung« zur Verfügung, die »Ausrüstung« aber war direkt von den Nachbarschaften der Berufsgruppen zu finanzieren, zu erstellen und zu erhalten. Ihnen oblag »vor allem die Abwehr der Feuersgefahr und die Sorge für das Wasser (...) man nannte sie (diese Nachbarschaft, B. H.) hie und da auch Pumpennachbarschaft. In der Regel aber war ihre Tätigkeit viel umfassender und erstreckte sich auch auf die Armenpflege, Ausbesserung und Beleuchtung der Straßen und andere Dinge«[77].
Somit findet sich hier wieder, was sich als Grundzug der Nachbarschaft im vorindustriellen Dorf herausgestellt hat: die »Nothilfe-Funktion«[78] der Nachbarschaft, ihre ökonomische Notwendigkeit und subsidiäre Bedeutung. »Nachbarschaft bedeutet praktisch«, so führt M. Weber aus, »zumal bei unentwickelter Verkehrstechnik, Aufeinanderangewiesensein in der Not. Der Nachbar ist der typische Nothelfer, und »Nachbarschaft« daher Trägerin der »Brüderlichkeit« in einem freilich durchaus nüchternen und unpathetischen, vorwiegend wirtschaftsethischen Sinne des Wortes«[79]. So ist auch der Wandel im Charakter der Nachbarschaft immer auf dem Hintergrund des Wandels der ökonomischen Verhältnisse zu sehen. »In der Zeit des Absolutismus unterlagen diese Brunnen- oder Straßennachbarschaften in manchen Gegenden gesetzlicher Regelung. Mit dem Aufkommen öffentlicher Wasserwerke und Berufsfeuerwehren verloren sie ihre Hauptfunktion, erhielten sich aber als rein gesellige Institutionen in manchen Fällen bis ins 20. Jahrhundert.«[80] – »In der größeren Gesellschaft hat diese Entwicklung (...) zu einem ausgedehnten anonymen Versicherungssystem geführt, das die nachbarliche Nothelfergemeinschaft von der Pflicht schwerwiegender materieller Hilfe in Notfällen entlastet hat.«[81]

2.4 Nachbarschaft in städtischen und ländlichen Siedlungen

Quer zur Idealisierung vergangener Siedlungsformen und zu dem Versuch, aus ihr Antworten auf die Vorwürfe der Stadtkritik zu finden, verläuft eine andere Dichotomie: die von Stadt und Land, die auch große Teile der neueren Beiträge zur Siedlungssoziologie durchzieht. Sie verfolgt letztlich das gleiche Ziel, ja man kann an-

---

[77] Imme, T.: Die Nachbarschaften im Bereich des ehemaligen Stiftes Essen, zit. nach (98), S. 98.
[78] Heberle, R.: Nachbarschaft, in (27), S. 730.
[79] Weber, M.: Wirtschaft und Gesellschaft, S. 280.
[80] Heberle, R.: Nachbarschaft, in (27), S. 730.
[81] Wurzbacher, G.: Das Dorf im Spannungsfeld industrieller Entwicklung, S. 120.

nehmen, daß die »rural sociology« sich erst aus den Impulsen der Stadtkritik heraus entwickeln konnte. Sie war damit a priori mit bestimmten Wertvorstellungen behaftet, die sie aus dem gesuchten Gegensatz zur Stadt bezog. Inzwischen ist die »ländliche Soziologie« kritischer geworden: Sie hat auf die Problematik der Abgrenzung zwischen Stadt und Land hingewiesen, sie hat zuerst vom »rural-urban continuum«[82] gesprochen, Gegenstände, die in jüngeren Arbeiten zur Stadtsoziologie wenigstens im deutschsprachigen Raum kaum erwähnt zu werden pflegen.

Wie *Riehl* erwähnt, ist der Stadt-Land-Gegensatz, der für seine Stadtkritik essentiell war, schon zu seiner Zeit bestritten worden[83]. Er ist in den Anfängen der Stadtforschung, vor allem mit der Entwicklung der Wanderungsstatistik, zum Gegenstand wissenschaftlicher Diskussion geworden. Die beherrschenden Themen waren hier »Verstädterung« und »Landflucht«, beides Begriffe, die bereits ideologische Implikationen in sich schließen: »Mit dem Begriff ›Verstädterung‹ verbinden sich unklare Vorstellungen von deren zerstörenden Einfluß auf die Gesellschaftsform schlechthin, insbesondere auf die ›gesunde Ursprünglichkeit‹ und die ›gewachsene Tradition‹ des Landes[84].« »Wo von Landflucht oder sogar Landvertreibung gesprochen wird, steht dahinter die Vorstellung von einem hohen Eigenwert des Landes, angesichts dessen es als unverantwortlich angesehen wird, wenn die Menschen dazu bewogen werden, es zu verlassen. Eine zahlenmäßig starke Landbevölkerung wird aus dieser Sicht als unerläßlich angesehen.«[85]
Problematisch ist nicht nur diese Terminologie, sondern mit ihr die von Stadt und Land als qualitativ zu unterscheidenden Sozialgebilden. Eine befriedigende soziologische Definition der Stadt existiert indes bis heute nicht[86], und damit fehlt auch eine solche des Landes. So stellt sich die Frage, ob diese Kategorien nicht mehr verschleiern, als sie zu erklären in der Lage sind, mit anderen Worten: ob sie analytisch überhaupt fruchtbar sind.

2.4.1 Abgrenzungskriterien und deren Problematik

Am weitesten verbreitet ist die Abgrenzung nach *Einwohnerzahl*. Von 100 000 Einwohnern an wird durchgehend von Großstadt ge-

---

[82] Sorokin, P. A.; Zimmermann, C. C.: Principles of Rural-Urban Sociology; in Deutschland vor allem in den Arbeiten von H. Kötter.
[83] Riehl, W. H.: Land und Leute, S. 84.
[84] Kötter, H.: Landbevölkerung im sozialen Wandel, S. 87.
[85] Blanckenburg, P. v.: Einführung in die Agrarsoziologie, S. 71.
[86] Glass, R.: Urban Sociology in Great Britain: A Trend Report, S. 5.

sprochen, eine Grenze, die 1887 vom Internationalen Statistikerkongreß festgelegt worden ist [87]. Die Grenze für die Bezeichnung »Stadt« ist nicht international fixiert, sie wird meist bei 10 000 Einwohnern angenommen. Soziologisch bieten diese Abgrenzungen wenig, es sei denn, man postuliere bei der 100 000er Grenze auch einen qualitativen Umschlag.
Weiter hat man versucht, aus der *Medizinal- und Geburtenstatistik* Unterscheidungskriterien zu gewinnen. Die Landbevölkerung galt danach als die gesündere und kinderreichere. Das mag richtig gewesen sein in der Periode der Industrialisierung und der damit verbundenen Wachstumsphase der Städte. Heute wird festgestellt, daß sich die Geburtenraten tendenziell angleichen. Andererseits sei aber der Gesundheitszustand der Landbevölkerung deutlich schlechter als der in den Städten [88]. Das kann einerseits auf die schlechtere medizinische Versorgung, aber auch auf den weniger guten Ausbau von Wasserversorgung und Kanalisation und schließlich auf die einseitigere Ernährungsweise der Landbevölkerung zurückgeführt werden [89]. Die bekannte Phrase vom »gesunden Landleben« erweist sich so als Teil der ideologischen Verzerrung des Bildes von der Großstadt. (Diese Aussagen gelten übrigens für die bäuerliche Bevölkerung Westdeutschlands, womit eine an sich unzulässige Gleichsetzung von ländlicher mit landwirtschaftlich tätiger Bevölkerung vorgenommen wird, die nur mit der mangelhaften Differenzierung der statistischen Unterlagen zu entschuldigen ist.)
Die *Wanderungsstatistik* macht darauf aufmerksam, daß die Stadtregionen meist einen Wanderungsgewinn auf Kosten des Landes verzeichnen. Damit ist ein weiteres Merkmal eingeführt, aus dem sich aber noch keine genügende und vor allem keine für unser Problem relevante Abgrenzung vornehmen läßt. Immerhin – das sei am Rande vermerkt – kommt den räumlichen Veränderungen, wie sie im Zusammenhang mit sozialen Prozessen regelmäßig auftreten, eine große Bedeutung zu. Diese Erkenntnis steht am Anfang der sozialökologischen Stadtforschung. Die wichtigsten Stichworte sind in diesem Zusammenhang Invasion, Sukzession und Assimilation.
Die historisch begründeten *Grenzen* der politischen Gemeinden sind primär für die Verwaltung relevant und scheinen auch hier an Bedeutung zu verlieren, etwa durch die Bildung von Planungsregionen und Zweckverbänden. Die Größe einer Siedlung sagt am ehesten etwas darüber aus, wie komplex der Verwaltungsapparat ist und wie

[87] Pfeil, E.: Großstadtforschung, S. 14.
[88] Kötter, H.; Deenen, B. v.: Gesundheitszustand in der landwirtschaftlichen Bevölkerung, S. 60.
[89] »Die Bauern sind häufiger krank«, Artikel über eine nicht näher bezeichnete Untersuchung, in: Öffentlicher Dienst, 8. 2. 1963.

viele Funktionen darin noch ehrenamtlich erfüllt werden können.
Die Gemeindeautonomie, immer wieder als Keimzelle der Demokratie verstanden [90], ist stark eingeschränkt durch Entscheidungskompetenzen übergeordneter Instanzen.
Wahl- und abstimmungspolitisch sind die Agglomerationen, ausgenommen bei Kommunalwahlen, wegen ihres großen Stimmenpotentials interessant. Die ja auch von *Riehl* befürchtete Dominanz der Städte über das Land soll deshalb durch parlamentarische Zweikammersysteme korrigiert werden. Im Stimmverhalten der Bevölkerung scheinen sich tatsächlich gewisse Regelmäßigkeiten abzuzeichnen in dem Sinn, daß das Land eher konservativ, die Städte eher fortschrittlich stimmen, die Wahl- und Abstimmungsgeographie ist jedoch noch zu wenig erforscht, um dazu gültige Aussagen zu erlauben.
In *ökonomischer* Hinsicht fallen vor allem zwei Merkmale ins Gewicht: die Berufsstruktur und das Angebot an Infrastruktur, Waren und Dienstleistungen in den Gemeinden. Zweifellos ist der Anteil der im Primärsektor Beschäftigten in nicht großstädtischen Regionen höher als in den Agglomerationsgebieten, und generell dürfte die Arbeitsteilung in den Städten weiter differenziert sein als in Gemeinden, die man spontan als ländlich bezeichnet.
Die infrastrukturelle Versorgung, also die Basiserschließung und die Ausrüstung der Gemeinden mit Krankenhäusern, Schulen, kulturellen Folgeeinrichtungen etc., wird der Tendenz nach mit wachsender Einwohnerzahl und wachsendem Steueraufkommen immer besser, und entsprechend differenziert sich das Angebot an Waren und Dienstleistungen mit steigender Kaufkraft immer mehr. Das sich hier auswirkende marktwirtschaftliche Prinzip führt zu einer ganzen Reihe politisch unerwünschter Konsequenzen (Entleerungsräume) und macht korrigierende regionalpolitische Eingriffe oft unerläßlich, ohne aber damit die ökonomische Unterprivilegierung der Agrarregionen aufheben zu können.
Es zeigt sich aber auch hier wieder, daß die Unterschiede zwischen Stadt und Land nicht qualitativ, sondern quantitativer, gradueller Natur sind, und daß sich damit eine prinzipielle Gegenüberstellung nicht rechtfertigen läßt.
Natürlich dürfen die hier angeführten Perspektiven nicht anders als analytisch verstanden werden; das zeigt sich nirgends so deutlich wie bei dem Versuch, soziale Unterschiede aufzuzeigen. Alle diese Merkmale sind interdependent, keines kann unabhängig vom anderen gesehen werden. So haben sie auch alle einen wechselseitigen

---

[90] Zum Beispiel vom Präsidenten des schweizerischen Gemeindeverbandes, G. A. Chevallaz: La tache de l'autorité communal dans la société nouvelle.

Einfluß auf das soziale Verhalten. Das Ganze stellt sich als höchst komplexe Problematik dar, die mit den herkömmlichen Instrumenten der Sozialforschung kaum zu bewältigen ist [91].
Hier seien nur Unterschiede im Kommunikationssystem, in der kommunalen Machtstruktur und in den Formen der sozialen Kontrolle aufgeführt; in den folgenden Abschnitten bietet sich dann die Gelegenheit, allgemeiner auf Unterschiede in den Verhaltensweisen einzugehen.
Die wichtigsten Kommunikationsmittel sind überlokal wirksam; vor allem gilt dies für Radio und Fernsehen, in großem Maße aber auch für die Tagespresse, die zwar im allgemeinen einen Lokalteil enthält, den meisten Raum aber Gegenständen von überlokalem Interesse widmet. Kleine Gemeinden sind wirtschaftlich meist keine tragbare Basis mehr für ein Lokalblatt, und die fortdauernde Konzentration im Pressewesen wird den Trend zur Überlokalität weiter verstärken. Die direkte, nicht durch technische Medien vermittelte Kommunikation mit den anderen Bewohnern einer Gemeinde ist um so eher möglich, je kleiner die Einwohnerzahl der Gemeinde ist.
Kommunale Machtstrukturen sind im deutschen Sprachbereich nur selten zum Gegenstand wissenschaftlicher Forschung gemacht worden, jedenfalls wenn man von der Aktivität des Institutes für vergleichende Sozialforschung an der Universität Köln absieht. Oft beschränkt man sich auf die Diskussion der beiden wichtigsten methodischen Ansätze, die in diesem Bereich in den USA entwickelt worden sind: den reputativen und dem entscheidungsgenetischen, während nur wenige empirische Studien diese Methoden auch anwenden. *Oswald* hat vermutet, der Grund dafür liege darin, daß sich die kommunalen Verwaltungen einer wissenschaftlichen Untersuchung widersetzen [92]. *W. Vogt* und *F. Gerheuser* haben in einem Bericht über amerikanische Beiträge gefunden, daß mit wachsender Größe und Bedeutung einer Gemeinde die Entscheidungen von einer immer stärker konzentrierten Elite übernommen werden [93]. Diese Eliten seien in ihren Interessen allerdings überlokal orientiert, da sie sich kaum im kleinräumigen Bereich einer Gemeinde befriedigen können. Je kleiner die Einwohnerzahl einer Gemeinde sei, desto größer sei der Spielraum, der der Einflußnahme des einzelnen Bürgers bleibe.
Die Wirksamkeit sozialer Kontrolle hängt weitgehend von der Wirksamkeit der zur Verfügung stehenden Sanktionen ab. Diese wiederum ist um so größer, je mehr die Bewohner einer Gemeinde aufeinander angewiesen sind, je klarer also ökonomisch im weite-

---

[91] Vogt, W.; Gerheuser, F.: Neue Begriffe für Stadt und Land.
[92] Oswald, H.: Die überschätzte Stadt, S. 149.
[93] Vogt, W.: Gerheuser, F.: Kommunale Machtstruktur.

sten Sinn motivierte mit sozialen Kontakten koinzidieren [94]. Dieses Zusammenfallen nimmt tendenziell ab mit wachsender Einwohnerzahl einer Gemeinde. Selbst wenn man annimmt, daß klare qualitative Unterschiede zwischen Stadt und Land in einer historischen Situation einmal existiert haben mögen (was hier nicht von großem Interesse ist), so muß doch festgehalten werden: »Die Entwicklung in den modernen Industriestaaten ist gekennzeichnet durch die Ausbildung eines ›rural-urban continuum‹. Es gibt im Prinzip keine schroffe Trennung mehr zwischen primär argrarischen und primär industriellen Räumen, sondern vielmehr ein agrarisch-industrielles Gemenge *(Ipsen)*, nicht nur was die wirtschaftlichen, sondern auch was die soziologischen Konsequenzen betrifft.«[95] Vor allem sind es ökonomische Faktoren, aus denen heraus diese Entwicklung verstanden werden muß: Der Anteil der landwirtschaftlich tätigen Bevölkerung nimmt ständig ab, die Agglomerationsräume verdichten sich weiter, Pendler übernehmen städtische Verhaltensmuster und tragen sie zurück aufs Land [96], der Tourismus verändert die Struktur ländlicher Gebiete [97], Kommunikationsmittel zwingen zu überlokalen Orientierung [98], gut ausgebaute Verkehrsmittel erleichtern den oftmals notwendigen Zugang zur Stadt, Versicherungen ersetzen die Nothelferfunktion des Nachbarn.
So läßt es sich kaum rechtfertigen, von einer Dichotomie zwischen Stadt und Land auszugehen. Es gibt eine ganze Reihe von Unterschieden, die in soziologischer Perspektive, je nach Problemstellung, durchaus relevant sein können; darüber darf aber nicht vergessen werden, daß global gesehen die Gemeinsamkeiten weit überwiegen, daß die Unterschiede im wesentlichen gradueller, nicht qualitativer Natur sind. Die Unterscheidung kann manchmal sinnvoll sein, sie muß aber dann in Form von Idealtypen konstruiert werden, und man wird sich vor der Versuchung hüten müssen, solche Idealtypen an Stelle der beobachtbaren Wirklichkeit empirisch überprüfen zu wollen.

2.4.2 *Nachbarschaft in der ländlichen Siedlung*

Das Dorf als positives Gegenbild zur Stadt — wenn man sich an die wichtigsten Vorwürfe erinnert, die Inhalt der Stadtkritik sind, sieht

---

[94] Riemer, S.: Villagers in Metropolis, in (159), S. 596.
[95] Kötter, H.: Landbevölkerung im sozialen Wandel, S. 83.
[96] Blanckenburg, P. v.: Einführung in die Agrarsoziologie, S. 151.
[97] Kötter, H.: Landbevölkerung im sozialen Wandel, S. 171.
[98] Oswald, H.: Die überschätzte Stadt, S. 120 ff.

man sofort, was das Dorf in dieser Sicht leisten soll: Es soll organisch und natürlich sein, fruchtbar und gesund, soll den einzelnen in einen Sozialzusammenhang einbinden, ihn intregrieren, soll ihm die Natürlichkeit der hierarchischen Gesellschaftsordnung bewußtmachen, ihm also eine klare definierte soziale Identität verleihen und schließlich emotive statt zweckorientierte Sozialbeziehungen erforderlich machen. Das Dorf soll, mit einem Wort: Gemeinschaft sein. Kann es das überhaupt? »Gemeinschaft setzt immer persönliche Bekanntschaft der Mitglieder untereinander voraus; Gemeinschaft nimmt in Anspruch, die dominierende Gruppe zu sein; sie verlangt, daß ihr Anspruch allen anderen Ansprüchen, die an ihre Mitglieder etwa noch gestellt werden können, vorgeht; Gemeinschaft besitzt ein Normensystem, das für alle Mitglieder verbindlich ist und sie von allen trennt, die nicht zur Gruppe gehören.«[99] Diese Kriterien sind sicher im Dorf nicht erfüllt, sie sind es bestenfalls in der Familie, wenn man überhaupt noch die Dichotomie von Gemeinschaft und Gesellschaft, die hier impliziert ist, theoretisch akzeptieren will, an deren Stelle ja immer mehr die Bezugsgruppentheorie tritt.

Heberle hat erwähnt, daß »die Pflichten und Ansprüche der Nachbarn durch Sitte geregelt« seien, daß sie nicht an Individuen, sondern an den Hausgemeinschaften oder an den Hofstellen ohne Rücksicht darauf, wer die jeweiligen Besitzer sind«, haften [100]. Nicht nur die Selektion der Personen, die als Nachbarn in Frage kommen, geschieht letztlich nach einem formalen Kriterium: der räumlichen Nähe; auch die Verhaltenserwartungen, die an diese Position geknüpft sind, sind weitgehend formalisiert: »Der Formalismus ist geradezu ein Kennzeichen brauchmäßigen volkstümlichen Verhaltens. (...) Man sieht auf die brauchmäßige Erfüllung der nachbarlichen Hilfeleistungspflicht, nicht auf die Nächstenliebe.«[101]. *Weiss* nimmt sogar an, daß sich jede Dorfgemeinschaft in zwei rivalisierende Parteien spalte, die nur gegen äußere Bedrohung gemeinsam auftreten [102]. Auch *W. Roth* fand bei seiner Untersuchung einer hessischen Grenzgemeinde: »Bei so genauem Hinsehen zerfällt die Nachbarschaft in eine Vielzahl unterschiedlich großer Interessen- und Sympathiegruppen mit jeweils eigenen Normen und Spielregeln, die häufig untereinander im Widerstreit liegen. Über alle diese Gegensätze hinweg gibt es nur wenig Verbindendes.«[103] *H. Koetter* hat verschiedentlich betont, daß auch »die früheren Agrargesellschaften

---

[99] Schwonke, M.: Wolfsburg, S. 18.
[100] Heberle, R.: Nachbarschaft, in (27), S. 730.
[101] Weiss, R.: Volkskunde der Schweiz, S. 158.
[102] Ebenda, S. 339.
[103] Roth, W.: Dorf im Wandel, S. 160.

außerordentlich kunstvolle gesellschaftliche Gebilde waren und daß es abwegig ist, hier etwa von einer natürlichen Gemeinschaft zu sprechen«[104].

Brauch und Sitte, also traditional verlangte Solidarität der Nachbarn, bedeuten nicht, daß sich daraus notwendig emotive Bindungen herausbilden müssen und daß diese immer konfliktfrei seien. Sie stellen vielmehr einen integrierenden Faktor dar, der seine Funktion auch dann behält, wenn Konflikte zwischen Nachbarn auftreten. Die Verweigerung einer erbetenen Hilfeleistung tritt nur dann ein, wenn ein von den akzeptierten Normen abweichendes Verhalten besonders schwer sanktioniert werden soll. So dient die »Wahrung gutnachbarlicher Beziehungen, die sich mindestens auf gelegentliche Höflichkeitsbesuche und auf Informationen über den Zaun erstreckt«[105], in erster Linie der sozialen Kontrolle und damit der Aufrechterhaltung von Einstellungen, unter denen die notwendige Hilfeleistung garantiert ist.

»Die traditional festgelegten Nachbarschaftsbeziehungen der gegenseitigen Hilfeleistungen werden auf institutioneller Grundlage in dem Maße fortgeführt, wie sie einer vorwiegend ökonomischen Notwendigkeit entsprechen.«[106] Mit der wachsenden Verfügung über technische Hilfsmittel und dem vermehrt möglichen Rückgriff auf anonyme Risikoträger »wird der Haushalt unabhängiger von der Hilfe der Nachbarn. Der elektrische Strom steht als Licht- und Kraftquelle zur Verfügung, ›auf Nachbarschaft gehen‹, um Licht zu sparen, ist somit nicht mehr nötig und eine vergessene Gewohnheit. Durch die Verflechtung der ländlichen Wirtschaft mit der modernen Marktwirtschaft hat man den Wert der Zeit wie des Geldes zu schätzen und einzukalkulieren gelernt. Man ist zielstrebiger im Rahmen der Familie geworden, denkt ökonomischer. Durch die gegenüber früheren Zeiten außerordentlich gestiegene Verfügung über Geldmittel kann man zunehmend Gebrauch von der Arbeitsteilung machen und Produkte und Leistungen kaufen, die einst in nachbarlicher Selbsthilfe erstellt werden mußten«[107].

Das in Stadt und Land unterschiedlich differenzierte Angebot an Infrastruktur, Waren und Dienstleistungen führt folgerichtig auch zu einer verschiedenen Intensität der nachbarlichen Beziehungen, eine Erscheinung, die systemtheoretisch so beschrieben worden ist, daß »die Änderungsprozesse in den einzelnen Sektoren einer Gesell-

---

[104] Kötter, H.: Landbevölkerung im sozialen Wandel, S. 10.
[105] Blanckenburg, P. v.: Einführung in die Agrarsoziologie, S. 158.
[106] Deenen, B. v.: Die ländliche Familie unter dem Einfluß von Industrienähe und Industrieferne, S. 69.
[107] Wurzbacher, G.: Das Dorf im Spannungsfeld industrieller Entwicklung, S. 115.

schaft nicht synchron verlaufen, daß aber andererseits der interdependente Charakter sozialer Systeme bei Änderungen in einem Sektor zu Spannungen und Anpassungsvorgängen in anderen Sektoren führen muß«[108].
Aber auch die Formen der Nachbarschaftsbeziehungen im ländlichen Raum haben sich gewandelt, und zwar vor allem unter dem Einfluß veränderter kommunikativer Beziehungen. »Je intensiver (die) Kontakte (des Dorfbewohners) mit außernachbarlichen Bereichen sind, um so kleiner ist der Ausschnitt aus der Gesamtheit seiner sozialen Beziehungen geworden, der noch Gemeinsamkeit mit den Nachbarn aufweist, noch ihrer Beobachtung und ihrem Einfluß unterliegt.«[109] Die außernachbarlichen Kontakte nehmen der Tendenz nach zu, »denn die Personen, zu denen man Beziehungen unterhält, sind auch im ländlichen Milieu nicht unbedingt die räumlich Nächsten, also die Nachbarn. Die ›emotive Nachbarschaft‹, die sich durch Verwandtschaft, Freundschaft, gemeinsame kulturelle Interessen, gleiche Klassenlage, gleiche Cliquenzugehörigkeit ergibt, wird – auf Grund unserer Untersuchungsdaten – auch hier zunehmend wichtiger«[110]. Damit nimmt auch die Intensität der sozialen Kontrolle im Wohnbereich ab. *Heberle* kommt zu dem allgemeinen Eindruck, »daß die Nachbarschaftsbeziehungen auf dem Lande weniger verpflichtend und mehr eine Angelegenheit des eigenen Ermessens, der persönlichen Neigung geworden sind. Das heißt zugleich, daß sie sich den Nachbarschaftsbeziehungen in der modernen Stadt angenähert haben«[111]. Das bedeutet auch, daß die Norm des Distanzhaltens, die für städtische Nachbarschaftsbeziehungen allgemein bestätigt wird, in die ländlichen Sozialbeziehungen eingeht. *Wurzbacher* hat in seiner Untersuchung einer ländlichen Gemeinde eine recht beachtliche Gruppe von Menschen gefunden, bei denen dieses Unabhängigkeitsstreben zum Leitbild für nachbarliche Beziehungen überhaupt geworden ist. »Man lehnt jede Hilfeleistung prinzipiell ab, um nicht verpflichtet zu sein, nicht ›danke sagen‹ zu müssen; man betont, daß man ›alles selbst‹ hätte. (...) Wenn wir nach der Zusammensetzung dieser Gruppe fragen, so finden wir kennzeichnenderweise alle Bevölkerungskreise in ihr vertreten, in überdurchschnittlichem Maße freilich Zugezogene sowie auswärts Arbeitende.«[112]

[108] Kötter, H.: Ländliche Soziologie in der Industriegesellschaft, in (165), S. 119. Zusätze in Klammern: B. H.
[109] Wurzbacher, G.: Das Dorf im Spannungsfeld industrieller Entwicklung, S. 147.
[110] Jäggi, U.: Berggemeinden im Wandel, S. 172.
[111] Heberle, R.: Das normative Element in der Nachbarschaft, S. 184.
[112] Wurzbacher, G.: Das Dorf im Spannungsfeld industrieller Entwicklung, S. 116.

Eine ähnliche Entwicklung zeichnet sich auch in dem Bereich ab, der der Nothilfe komplementär ist: der Geselligkeit [113].»Zur Gegenwart hin nehmen die aus dem Brauchtum erwachsenden Formen der Nachbarschaft (...) immer mehr ab oder erfahren eine Umbildung zu mehr vereinsmäßig organisierter Geselligkeit.«[114] – »So erleben wir, wie die für individuellen Ein- und Austritt offene Organisation an die Stelle der mehr spontanen früheren Nachbarschaftsbeziehungen tritt. (...) Wir finden an diesem Beispiel die erste Stufe einer Abwanderung von Funktionen aus der spontanen, jeden angehenden, unmittelbaren (›primären‹ im Sinne *Cooleys*) Beziehung von Nachbar zu Nachbar.«[115]

Welche Schlüsse ergeben sich aus diesen Befunden? Ganz sicher kann vom Dorf als von einer Gemeinschaft keine Rede sein. Die Nachbarschaftsideologie orientiert sich an einer Fiktion, die wohl kaum jemals Wirklichkeit gewesen ist. Auch von ›Natürlichkeit‹ kann nicht gesprochen werden, es sei denn, man verstehe darunter die größere Nähe zu relativ gering kultivierten Gebieten. »Der Bauer hat unter ungeheuren Mühen den Boden ›in Kultur‹ gebracht, und auch im stadtfernsten Dorf ist man in Haus und Hof auf die Technik angewiesen. Man wird also kaum Natürlichkeit schlechthin als Wesensmerkmal des Landes ansehen dürfen.«[116] »Die Agrargesellschaft (ist) keineswegs je ein Paradies gewesen. Die Vorstellung eines Idealbildes wird in dem Moment gefährlich, wo sich daraus restaurative und übertrieben konservative Tendenzen entwickeln.«[117]

2.4.3 Nachbarschaft in der Stadt

Wie aus dem vorstehenden erwartet werden kann, ist »in der Regel (...) die normative Regelung der städtischen Nachbarschaft umso lockerer, je weniger die betreffenden Haushalte auf nachbarliche Hilfe angewiesen sind«[118]. Das verwundert nicht weiter, da damit auch die Voraussetzungen zu intensiver sozialer Kontrolle nur noch in beschränktem Maße gegeben sind. Und doch bleibt »das Nachbarverhältnis (...) auch in Großstadtbevölkerungen (...) durch Anstand, Verhaltensmuster, Sitte, Gebräuche bestimmt, wenn auch

---

[113] Heberle, R.: Das normative Element in der Nachbarschaft, S. 184.
[114] Wurzbacher, G.: Das Dorf im Spannungsfeld industrieller Entwicklung, S. 125.
[115] Ebenda, S. 120.
[116] Blanckenburg, P. v.: Einführung in die Agrarsoziologie, S. 67.
[117] Kötter, H.: Landbevölkerung im sozialen Wandel, S. 11.
[118] Heberle, R.: Nachbarschaft, in (27), S. 730.

nicht so eindeutig festgelegt wie in der vorgroßstädtischen Gesellschaft«[119]. Damit, daß die meisten Funktionen der alten Straßennachbarschaften von Institutionen der öffentlichen Hand und von privaten Unternehmungen übernommen worden sind, »anerkennt kein Stadtbewohner mehr eine imperative Verpflichtung zu gemeinsamem Handeln mit den Nachbarn, und er wird sich nicht mit ihnen zusammentun, es sei denn er mag sie oder findet sie nützlich«[120].

Wenn *Oswald* jedoch meint, Nachbarschaft sei somit gar nicht mehr möglich[121], so kann dies nur für die Formen organisierter Nachbarschaft gelten. *Klages* schlägt deshalb auch vor, »all das, was wir an Verkehrsformen ausfindig machen, rundweg in die Kategorie der informellen Verhaltensweisen einzuordnen«[122]. Jedenfalls, so stellt er fest, kann nach allem, was über die »Faktizität der nachbarlichen Hilfe in Erfahrung gebracht« wurde, festgehalten werden, »daß sie im Rahmen der Lebenssicherung des modernen Großstädters letzten Endes doch nur eine Randfunktion erfüllt«[123].

Hier drängt sich sofort der Einwand auf, daß solche Generalisierungen differenziert werden müssen, um für praktische Belange aussagekräftig zu werden. Das soll an anderer Stelle systematisch geschehen. Immerhin leuchtet unmittelbar ein, daß aus der Einsicht in die primär ökonomische Bedingtheit der Nachbarschaftsbeziehung angenommen werden muß, es bestehe eine »Tendenz zur negativen Korrelation zwischen Klassenlage und Intensität der Nachbarschaftsbeziehungen«[124]. Das bestätigt ähnlich auch *P. H. Chombart de Lauwe*[125].

Mit dem Zusammenschrumpfen der Funktionen der Nachbarschaft ist auch eine Beschränkung des räumlichen Interaktionsbereiches verbunden: »Stellt man als Bedingung, daß Nachbarn sich auch mit Namen kennen und sich bei der Begegnung grüßen sollen (...), so wird man diesen Begegnungsraum in der Stadt sehr eng fassen müssen.«[126] Er beschränkt sich auf viel kleinräumigere Verhältnisse als Quartier, Straße oder Block: auf das Haus nämlich, den Eingang,

---

[119] Pfeil, E.: Nachbarkreis und Verkehrskreis in der Großstadt, in (88), S. 197.
[120] Heberle, R.: Das normative Element in der Nachbarschaft, S. 188.
[121] Oswald, H.: Die überschätzte Stadt, S. 144.
[122] Klages, H.: Der Nachbarschaftsgedanke und die nachbarliche Wirklichkeit in der Großstadt, S. 100.
[123] Ebenda, S. 127.
[124] Heberle, R.: Nachbarschaft, in (27), S. 730.
[125] Chombart de Lauwe, P. H.: Famille et habitation II, S. 256.
[126] Schwonke, M.: Wolfsburg, S. 15.

die Etage, je nach Haustyp. Dort ist der Nachbar »noch potentieller und auch aktiver Helfer geblieben«[127].

Im Gegensatz zur Auffassung, es müsse im Nachbarschaftsbereich positiv bewertete Gemeinschaft mit intensiven Interaktionen entstehen, zeigt sich, daß sich auch die Verhaltenserwartungen geändert haben: »Das Leitbild des guten Nachbarn, wie es sich aus dem deutschen empirischen Material ergibt, lautet: Der gute Nachbar hält vor allem Distanz, er versucht nicht, die anders denkenden und handelnden Menschen durch Klatsch oder andere Mittel zu kontrollieren und zu beeinflussen. Er soll sich zwar in den kleinen Kontakten des Alltags (Grüßen, Hilfe) höflich und zuvorkommend zeigen, doch ist sein Verhalten in sein eigenes Belieben gestellt. Wen er grüßt, mit wem er sich unterhält, wem er hilft, ist seine eigene Sache, er muß auch nichts von alledem tun. Es gibt außer dem Distanzhalten keine allgemein akzeptierte Norm nachbarschaftlichen Verhaltens.«[128] *Oswald* versucht auch, dieses Phänomen zu erklären: Die überlokal wirksamen Informationsmittel schaffen eine Vielzahl von persönlichen Leitbildern, Bezugsgruppen und Normen, und der daraus entstehende Normpluralismus läßt soziale Kontrolle als äußerst unerwünscht erscheinen. So bilde sich ein typisch urbaner Verhaltensstil aus, dessen wichtigstes Leitbild das der distanzierten Vertrautheit sei[129]. *Klages* berichtet davon, daß angebotene Kontaktchancen ausdrücklich zurückgewiesen wurden. »Das Motiv, unter dem diese Zurückweisung akut wird, ist letztlich das der Sicherung der ›Privatheit‹.«[130]

Mit der Selektivität des Bekanntschaftsverhaltens geht auch eine gewisse Ritualisierung der Beziehungen einher. »Der Grad der Anpassung an städtische Wohnverhältnisse scheint auch den Grad der Standardisierung der nachbarlichen Beziehungen zu bestimmen. Je geringer die Anpassung ist, desto unsicherer scheint das Verhalten zu sein, desto mehr läßt sich ein Hin- und Herpendeln zwischen Intimität und Konflikt feststellen.«[131]

»Der Wunsch, den Hauptort der privaten Existenz, nämlich die Familienwohnung, nach außen abzuschirmen, damit in ihr ein ungestörtes Privatleben stattfinden kann, ist ohne Zweifel das Hauptmotiv für die Beschränkung nachbarlicher Beziehungen auf einige fest definierbare ritualisierte Verhaltensweisen und lediglich von Fall

---

[127] Kötter, H.; Emge, M.: Agrar- und Stadtsoziologie, in (50), S. 467.
[128] Oswald, H.: Die überschätzte Stadt, S. 143.
[129] Ebenda, S. 101 ff.
[130] Klages, H.: Der Nachbarschaftsgedanke und die nachbarliche Wirklichkeit in der Großstadt, S. 122.
[131] Bahrdt, H. P.: Humaner Städtebau, S. 106.

zu Fall aktualisierte subsidäre Funktion.«[132] Damit ist angesprochen, was die Stadtkritik als den ausschnitthaften, segmentären Charakter der städtischen Sozialbeziehungen bedauerte. *Irle* hat darauf die überzeugendste Antwort gegeben: »Es ist nicht zu bestreiten, daß die Differenzierung der sozialen Rollen von Bürgern in größeren Kommunen im Sinne größerer Spezialisierung (und damit Vermehrung) und eines höheren Grades der Unabhängigkeit der Rollen voneinander weiter fortgeschritten ist als in kleineren Kommunen. Die damit einhergehende Segmentalisierung der Kontakte kann jedoch nicht zwangsläufig zu einer geringeren Zahl und schwächerer Intensität der Kontakte führen. Aus der differenzierenden Vermehrung der Rollen ist eher eine Vermehrung der Kontakte und der Personen, mit denen Kontakte bestehen, zu erwarten. Die Position des anderen im Wechselspiel direkter sozialer Beziehungen innerhalb großkommunaler Gesellschaften ist durch die Definition seiner jeweiligen Rolle genügend bestimmbar; es bedarf nicht der Wahrnehmung seiner gesamten Persönlichkeit und nicht des Eingehens auf alle Bereiche seiner Person. Ein großer Teil der sozialen Kontakte in größeren Gemeinden wird demnach entlastet vom weiteren Umhof der Gesamtpersönlichkeiten, die als Rollenträger an den Beziehungen teilhaben; je kleiner die Kommune ist bzw. je mehr sie sich der sozialen Struktur von Primärgruppen nähert, um so weniger differenziert sind die sozialen Beziehungen und um so mehr dominiert die ins Spiel gebrachte Gesamtpersönlichkeit der Beteiligten.«[133]

Der Großstädter kann auf Nachbarschaft weitgehend verzichten, er ist deshalb weder vereinsamt noch isoliert. Sein Bekanntenkreis rekrutiert sich nicht aus der Lokalgruppe, und wenn Nachbarn zu diesem Kreis gehören, so nur in seltenen Fällen auf Grund der bloßen Tatsache der räumlichen Nähe[134]. »Will man bei dem Wort Nachbar bleiben, so bedeutet das, daß Nachbarn nicht mehr die räumlich Nahen sind, sondern diejenigen, die man schnell erreichen kann, mit denen man aber durch Gemeinsamkeiten irgendeiner Art verbunden ist.«[135] Diesen Sachverhalt hat *Heberle* als »soziale Nachbarschaft« bezeichnet oder auch als »emotive« im Gegensatz zur »normativen« Nachbarschaft[136]. Solche Begriffsbildungen sind allerdings nicht sehr glücklich, trennen sie doch die beiden Wesensmerk-

---

[132] Ebenda, S. 107.
[133] Irle, M.: Gemeindesoziologische Untersuchungen zur Ballung Stuttgart, S. 33.
[134] Oswald, H.: Die Haltung der Bevölkerung gegenüber der Gemeindepolitik in Stadt und Land, in (22), S. 118 f.
[135] Oswald, H.: Die überschätzte Stadt, S. 145.
[136] Heberle, R.: Das normative Element in der Nachbarschaft, S. 189.

male der Nachbarschaft: soziale Interaktion und räumliche Nähe, voneinander. Klarer ist der Terminus des »Verkehrskreises«, mit dem in Deutschland vor allem E. *Pfeil* gearbeitet hat [137]. Am Rande sei erwähnt, daß sich die Kontaktpartner des Großstädters nicht etwa gleichmäßig über das ganze Stadtgebiet verteilt finden. »Sie tendieren dazu, charakteristische Muster zu bilden«, schreibt *Riemer*[138], und *Chombart de Lauwe* hat solche Muster in Paris untersucht und mit kartographischen Methoden eindrücklich dargestellt [139].

Institutionalisierte Nachbarschaften

Hier soll, fast könnte man sagen: der Kuriosität halber, noch eine Erscheinung angeführt werden, die *D. v. Oppen* in seiner Untersuchung der westfälischen Zechengemeinde G. (25 000 Einwohner) beschrieben hat: das Überleben historischer Formen von institutionalisierter Nachbarschaft in einer städtischen Gemeinde. Hier die wichtigsten Teile seiner eigenen Darstellung:
»Die untersuchte Gemeinde G. bot ein erstaunliches Beispiel dafür, wie der ›Nachbarschafts‹-Gedanke unter der schnellen Industrialisierung einer stürmisch wachsenden Gemeinde sich erhalten kann; denn nicht nur die alten Zusammenschlüsse lebten hier fort, sondern es wurden sogar neue gebildet, die ein kräftiges Leben entwickelten. (...) Aufgenommen wurden in der alten Zeit nur Hausbesitzer; nur sie konnten, wie es hieß, ›Erbnachbarn‹ sein. ›Mietlinge‹ waren nicht zugelassen. (...) Bei den dörflichen ›Nachbarschaften‹ kam dazu ein gewisses, wenn auch geringes Maß an äußerer Organisation. Man wählte alljährlich zwei ›Scheffner‹, oder ließ dieses Amt auch reihum gehen; sie sagten die gemeinsamen Veranstaltungen an, zogen Strafgelder oder sonstige ›Gefälle‹ ein und führten darüber das Nachbarschaftsbuch. In dem Buch wurden daneben statutarische Festsetzungen vermerkt. Inhaltlich kreiste das über den Alltag hinausgehende Leben der ›Nachbarschaft‹ vor allem um zwei Ereignisse: die gemeinsame Fastnachtsfeier und die Beerdigung eines Hausvaters oder eines Angehörigen. Beides sah man ernsthaft miteinander verbunden. ›Wer zum Fastelomt nicht kommt, bei dem gehen wir auch nicht zur Beerdigung‹, hieß es. Zur Fastnacht verzehrte man miteinander die Abgaben, die auf Grund von Heirat, Geburt, Hausbau oder Zuzug im verflossenen Jahr entrichtet werden mußten,

---

[137] Pfeil, E.: Nachbarkreis und Verkehrskreis in der Großstadt, in (88).
[138] Riemer, S.: Villagers in Metropolis, S. 601.
[139] Chombart de Lauwe, P. H.: Paris et l'agglomération parisienne.

meist in flüssiger Form. Ein Toter wurde ›beläutet‹ und zu Grabe getragen und geleitet. Daneben gab es mancherlei Anteilnahme an den häuslichen Ereignissen der Nachbarn, so etwa am Polterabend. Öffentliche Aufgaben hatten die ›Nachbarschaften‹ nicht übernommen, oder genauer gesagt: Gewisse Aufgaben waren noch nicht von öffentlichen Stellen übernommen, fielen noch in den privaten Bereich und wurden hier nachbarlich wahrgenommen: eben das Zugrabetragen, Hilfe bei Feuer, sonstigen Notfällen usw.

Innerhalb dieses größeren Rahmens gab es in den Bauernschaften wie im Dorf noch die engere Bindung jedes Hauses an zwei oder drei ›Notnachbarn‹ oder ›Nächste Nachbarn‹. Es brauchten nicht immer die räumlich Nächstwohnenden zu sein. In der Regel vererbte sich das Verhältnis von einer Generation zur anderen; wer neu zuzog, mußte sich die Notnachbarn neu erwerben, d. h. sie einladen. Die angetragene Nachbarschaft abzulehnen galt als schwere Beleidigung. Die Notnachbarn feierten alle größeren Familienfestlichkeiten wie Hochzeit, Kindtaufe usw. selbstverständlich mit, und in allen vorkommenden großen und kleinen Notfällen konnte man auf ihre Hilfe sicher rechnen. Vor allem galt das im Sterbefall, wo sie die Beisetzung verrichteten; auch beteten sie vor, wenn die weiteren Nachbarn allabendlich, solange der Sarg im Hause stand, sich zum Gebet versammelten; und im ländlichen Haus übernahmen sie die unaufschiebbare Hof- und Feldarbeit, da das Trauerhaus bis zur Beerdigung die Arbeit ruhen ließ.«[140] Von hier wird das Sprichwort überliefert, ein guter Nachbar sei besser als ein weiter Freund.

Im Kern der städtischen Gemeinde, in dem sich von ehemals sieben noch fünf Nachbarschaften erhalten hatten, waren diese offenbar auf den Bereich einer Straße bezogen: »(...) der Name der fünf alten Bezirke wies sie bis zur Gegenwart als frühere Bereiche je einer Straße bzw. eines Platzes aus.« Dabei »treten zwei Züge deutlich hervor, die offenbar für die Bildung einer ›Nachbarschaft‹ von Bedeutung sind: Erstens handelt es sich viermal um eine einzige Straße oder einen Abschnitt davon, im fünften Fall bildete eine bestimmte Straße den tragenden Kern. Die beiden übrigen (Nachbarschaften) waren als Streusiedlungen überhaupt anders geartet und widersprachen diesem starken Hinweis auf die zusammenhaltende und abschließende Kraft einer Wohnstraße nicht. Ein eigentliches Straßensystem war in keiner der neuen regen ›Nachbarschaften‹ zusammengefaßt. Zweitens handelte es sich in sechs von sieben Fällen um Eigenheim- bzw. Kleinsiedlungen oder doch um eine verwandte Wohnweise. (...) Die Größenordnung der sieben

---

[140] Oppen, D. v.: Familien in ihrer Umwelt, S. 75 ff.

lebendigen Neugründungen lag durchweg zwischen 100 und 500 Personen.«[141]
»Neugründungen waren ganz besonders auf die Initiative tatkräftiger und geeigneter Persönlichkeiten angewiesen und zeigten mehr ›Organisation‹ als traditionelle ›Nachbarschaften‹; doch schienen sie auch danach zu streben, selber wieder Tradition, d. h. Selbstverständlichkeit zu gewinnen.«[142] Hier ist vielleicht noch am ehesten von einem Gruppencharakter der Nachbarschaft zu sprechen. Das wird auch bestätigt durch die starken Assimilationsschranken, die bestehen: Konfession und Dialekt fielen als wichtigste Hindernisse auf. Dabei handelte es sich innerhalb der Nachbarschaften um eine relativ homogene Bevölkerung [143].
Auch v. Oppen trifft jedoch die Distanznorm an: Sie bezieht sich hier vor allem auf gegenseitige Besuche [144] und auf das Verhalten von Zuzüglern, denen die traditionellen Verhaltensmuster nicht vertraut sind. Komplementär dazu findet sich innerhalb der bestehenden Gruppen ein reiches nachbarschaftliches Leben innerhalb der traditionell vorgezeichneten Formen [145].

2.4.3.2 Geplante Nachbarschaften

»Räumliche Nähe und nachbarliche Kontakte bilden die Grundlage für die einfachste und elementarste Vergesellschaftungsform, mit der wir es bei der Organisation des städtischen Lebens zu tun haben. Lokalbezogene Interessen und Verbindungen erzeugen ein Heimatgefühl, und in einem System, das den Wohnsitz zur Grundlage für die Beteiligung an der Verwaltung macht, wird Nachbarschaft zur Basis der politischen Kontrolle. In den sozialen und politischen Organisationen der Stadt ist sie die kleinste Einheit.«[146] Auf dieser Annahme beruht die positive Wertung nachbarlicher Beziehungen, die im Konzept der Nachbarschaftseinheit impliziert ist. Es wird noch zu zeigen sein, daß man damit von kommunalen Organisationsformen her argumentiert, wie sie typisch nur in den Vereinigten Staaten auftreten. *Riemer* zeigte schon früh eine gewisse Skepsis gegenüber den Hoffnungen, die man mit diesem Konzept verbindet: »Die Nachbarschaftsplanung versucht, jene Werte der in-

[141] Ebenda, S. 88.
[142] Ebenda, S. 95.
[143] Ebenda, S. 41.
[144] Ebenda, S. 95.
[145] Ebenda, S. 44.
[146] Park, R. E.: The City: Suggestions for the Investigation of Human Behavior in the Urban Environment, in (135), S. 7.

formellen sozialen Kontrolle, die man sonst mit der Kleinstadt verbindet, für das Leben in großen Städten wiederzugewinnen. Wie wirkungsvoll eine solche Transplantation sein kann, wird sich erst noch zeigen müssen.«[147] Auf die Problematik eines Unterfangens, das kleinstädtische Verhaltensweisen in der Großstadt zu produzieren sucht, weist auch *J. Jacobs* eindringlich hin: »In einer Kleinstadt mit fünf- bis zehntausend Einwohnern kreuzen sich die Beziehungen unter den Bewohnern auf viele Weise; das allein kann funktionsfähige zusammenhängende Gemeinden fördern. Aber die Bevölkerung eines großstädtischen Bezirkes von fünf- bis zehntausend Einwohnern verfügt innerhalb ihres Bezirkes keineswegs über den gleichen Grad intensiver Querverbindungen, ganz ungewöhnliche Umstände ausgenommen. Keine Nachbarschaftsplanung kann diese Tatsache durch irgendeine noch so ideale Absicht ändern.«[148]
Auch in Deutschland ist nach dem Nachbarschaftskonzept geplant worden, und der Fehlschlag solcher Versuche dürfte zum Teil darauf zurückzuführen sein, daß ein für Amerika kulturspezifischer Entwurf auf ungleiche Verhältnisse übertragen worden ist. In seinem Bericht über eine Untersuchung zweier solcher Siedlungen im Hamburger Stadtgebiet kommt *Klages* zu dem Schluß: »Die Menschen, die dort wohnen, empfinden mit Ausnahme der ›Alten‹ kein Zusammengehörigkeitsgefühl gegenüber anderen Menschen, nur weil diese auch in der Siedlung wohnen.«[149] Man hatte zwar versucht, so etwas wie eine Pioniersituation zu schaffen, indem man den Bewohnern eine noch »unfertige« Siedlung zur Verfügung stellte und ihnen mannigfache Aufgaben zur gemeinsamen Bewältigung überließ. So habe es anfangs auch sehr enge Beziehungen zwischen den Bewohnern gegeben; diese seien aber mit der Zeit abgebaut worden. »Unsere Ergebnisse zeigen aber, (...) daß die Verwendung des Begriffes ›neighborhood‹ = ›Nachbarschaft‹ für eine städtebauliche Einheit von der Größe einer Schulzone völlig irreführend ist. ›Nachbarschaft‹ im Sinne eines von ›face-to-face correlations‹ durchzogenen Raumes müssen wir offensichtlich in Bereichen von anderen, kleineren Größenordnungen suchen.«[150]
Riemer hat noch auf ein Problem aufmerksam gemacht, in dem sich die Herkunft der »neighborhood-unit« aus dem Konzept der »natural area« der Chicagoer Sozialökologen spiegelt: die Diskussion, ob sozial homogene oder heterogene Nachbarschaften anzustreben seien.

---

[147] Riemer, S.: The Modern City, S. 417.
[148] Jacobs, J.: Tod und Leben großer amerikanischer Städte, S. 80.
[149] Klages, H.: Der Nachbarschaftsgedanke und die nachbarliche Wirklichkeit in der Großstadt, S. 82.
[150] Ebenda, S. 83.

Er meint, die Ziele, die mit heterogenen Nachbarschaften verbunden seien, würden besser mit anderen Mitteln als denen der physischen Konstruktion angegangen [151]. Später hat sich vor allem *H. Gans* mit diesem Problem beschäftigt: »Eine heterogene Bevölkerung kann nicht erreicht werden, bevor das grundlegende soziale Problem großstädtischer Gebiete gelöst ist. Dies, so glaube ich, besteht in den ökonomischen und sozialen Ungleichheiten, die in unserer Gesellschaft immer noch existieren und die sich in den Deprivationen und unterdurchschnittlichen Lebensbedingungen der niedrigsten sozioökonomischen Schichten der großstädtischen Bevölkerung ausdrücken. (...) Das Eintreten des Planers für Heterogenität ist teilweise ein Mittel, um mit diesem Problem fertig zu werden; er hofft, das Mischen sozialer Klassen könnte diese Ungleichheit einebnen. Die Absicht ist edel, aber die Mittel sind ungeeignet.« [152]

2.5 Wandlungen im soziologischen Nachbarschaftskonzept

Auch in den Arbeiten bekannter Soziologen lassen sich die in ihrer historischen Situation vorherrschenden Einstellungen nachweisen. So ist es *A. Vierkandt* kaum zu verdenken, daß er glaubte, in der modernen Großstadt könne Nachbarschaft nicht mehr existieren, und er folgert, es könne also auch keine nachbarliche Hilfe durch Arbeitsleistung und keine soziale Kontrolle mehr in der Stadt geben [153]. Darin gleicht er vielen Zeitgenossen, die vor dem chaotischen Gebilde Stadt erschrecken und den Blick wehmütig zurückwerfen in eine idealisierte Vergangenheit. Ähnlich *W. Sombart*, für den »städtisch oder stadthaft siedeln« gleichbedeutend ist mit »Vergewaltigung der natürlichen Gegebenheiten der Umwelt« [154]. Er definiert danach einen soziologischen Stadtbegriff: »Danach ist eine Stadt eine Siedlung, in der sich die Einwohner nicht mehr untereinander kennen.« [155] Für ihn kann es eine Soziologie der Stadt gar nicht geben. *L. v. Wiese*, der häufig als Begründer einer empirischen Soziologie der Siedlung im deutschen Sprachbereich angesehen wird, bezeichnet demgegenüber »die Wohnweise, die Nachbarschaftsverhältnisse« als »beherrschende Tatsachen« [156]. Bei genauerer Betrachtung zeigt sich jedoch, daß Nachbarschaft für ihn kein Thema ist, das der Erforschung wert

---

[151] Riemer, S.: The Modern City, S. 429.
[152] Gans, H. J.: The Balanced Community, S. 182.
[153] Vierkandt, A.: Gesellschaftslehre, S. 306.
[154] Sombart, W.: Städtische Siedlung, Stadt, in (173), S. 527.
[155] Ebenda.
[156] Wiese, L. v.: Ländliche Siedlungen, in (173), S. 523.

wäre: Mit der Feststellung, daß der »Begriff des sozialen Abstandes einen mehr oder weniger räumlichen Sinn« erhalte, ist die Frage für ihn erledigt [157]. Erst nach 1945 setzte unter dem Einfluß der aus Amerika zurückgekehrten Emigranten eine Flut empirischer Untersuchungen ein, allen voran die von *T. W. Adorno* geleitete »Darmstadt-Studie«, die bis 1952 in neun Einzelbänden publiziert wurde. Erste generalisierende Versuche zu einer Soziologie der Stadt hat *E. Pfeil* mit ihrer Arbeit »Großstadtforschung« geliefert. Hier finden sich viele Argumente romantischer Stadtkritik wieder, als positive Alternative wird die Gliederung der Stadt in Nachbarschaften empfohlen [158]. In ihrem Text finden sich jedoch zahlreiche Hinweise darauf, daß die Erfahrung des Bombenkrieges ihre Haltung entscheidend geprägt habe [159]. Einige Jahre später revidiert sie ihren Standpunkt, der inzwischen verschiedentlich heftig kritisiert worden war. »Die erhoffte Vergemeinschaftung, der Nachbargeist wollten sich nicht oder nur zögernd einstellen. (...) Ganz allgemein wurde die Integration empirisch schwächer gefunden, als man aus der Planungsideologie deduziert hatte« [160], stellt sie fest. *Pfeil* revidiert auch ihre Haltung zur Großstadt, teilweise auf Grund eigener Forschung, vor allem aber auf Grund der Untersuchungsergebnisse, die *Klages* publiziert hatte [161].

Klages zeigte einerseits, daß Nachbarschaftsplanung nicht notwendig zur Gemeinschaft führt, andererseits aber auch, daß nachbarschaftliches Verhalten in der Großstadt keineswegs verschwunden ist. Damit ist er zu einem vielzitierten Entmystifizierer der Nachbarschaftsideologie geworden. Daß er aber durchaus noch davon beeinflußt war, zeigt der letzte Absatz seines Buches: »Eine Gesellschaft, die nicht dazu fähig ist, von ihrer Führungsspitze her bei der Masse ihrer Mitglieder ein durchschlagskräftiges, bis in den Kern der Persönlichkeiten vorstoßendes und einheitliches Leitbild zu vermitteln, wird – das können wir als ganz allgemeine Endthese nach all dem Vorstehenden wohl festhalten – sicher nicht die Mobilisierung des latenten Begegnungswillens der wohnenden Menschen leisten können. Eine Gesellschaft, die eine solche Leitbildintegration von sich aus ermöglichen kann, wird aber mit dem freigesetzten menschlichen Beisammen der Nachbarschaft möglicherweise ein wertvolles Kraftpotential zur Prägung jedes einzelnen finden.« [162] Methodisch muß *Klages* wie ande-

[157] Ebenda.
[158] Pfeil, E.: Großstadtforschung, S. 126.
[159] Ebenda, S. 239.
[160] Pfeil, E.: Zur Kritik der Nachbarschaftsidee, S. 40.
[161] Klages, H.: Der Nachbarschaftsgedanke und die nachbarliche Wirklichkeit in der Großstadt.
[162] Ebenda, S. 172.

ren Forschern vorgehalten werden, daß er die Erfahrung des Krieges und ihren Einfluß auf nachbarschaftliches Verhalten nicht bei der Interpretation seiner Daten berücksichtigt hat. So finden sich in den meisten der deutschen Studien, die in den fünfziger und frühen sechziger Jahren vorgelegt worden sind, Schlüsse, denen man sich heute kaum mehr anschließen möchte. Dazu gehört auch der Begegnungswille des Großstädters, den *Klages* zweifellos überschätzt hat. Noch ein Name sei in diesem Zusammenhang erwähnt: der von E. Sa·· lin. An einem Vortrag auf der Hauptversammlung des Deutschen Städtetages hat er 1960 erklärt: »Nur über den Stadtbürger führt der Weg zum Staatsbürger. Neue Möglichkeiten öffnen sich von Tag zu Tag. Aber wenn die zunehmend von Arbeit freie Zeit nur genutzt wird, damit jeder für sich in der Welt herumfährt, dann kann sich niemals jenes Gemeinschafts- und Heimatgefühl entwickeln, das noch immer den Stadtbürger ausgezeichnet hat. Sollte es wirklich Bombennächte brauchen, damit sich die Bewohner großer Mietskasernen und ganzer Häuserblocks zusammenfinden? Ist es wirklich unvermeidlich, daß bald keiner mehr den Namen des nächsten Nachbarn kennt? Sollten Spiel und Sport und vielleicht sogar freundschaftliche Hilfe nicht die Kraft besitzen, um die Bewohner eines Blocks, einer Straße, eines Quartiers miteinander zu verbinden? Erst wenn dies gelingt, ist die Formung der Stadt dem Ziel nahe und mag an einem fernen Tag sich eine neue, echte Urbanität entwickeln. Nur aus der kleinen wächst die große Gemeinschaft, und nur in der Gemeinschaft findet die Stadt wieder zu ihrem Urwesen zurück, wird sie wieder Heimat für das Wichtigste, das uns heute zu entschwinden droht – gebiert und nährt und birgt sie wieder, was ehedem als Krone der Schöpfung erschien: der runde, freie, der lebendige Mensch.«[163]
Hier zeigt sich deutlich, daß auch Soziologen nicht gegen ideologische Verzerrungen gefeit sind, daß sie wie andere von der historischen und kulturellen Situation, in der sie stehen, abhängen. Die wichtigste Folgerung, die aus dieser banal erscheinenden Erkenntnis gezogen werden muß, ist die nach stärkerer Gewichtung ideologiekritischer Arbeit.

Exkurs: Politische Instrumentalisierung der Nachbarschaftsideologie

Der Mißbrauch von Gemeinschaftsideologien zu repressiven politischen Zwecken hat bereits seine eigene Geschichte. Bekannt geworden ist vor allem das Concierge-System, das im napoleonischen Frankreich »der Überwachung und Bespitzelung der Nachbarschaf-

[163] Abgedruckt in: Erneuerung unserer Städte, zit. nach (55), S. 20.

ten« diente ¹⁶⁴. Ihm gleicht in vielen Zügen das nationalsozialistische Ordnungsprinzip von ›Block und Zelle‹. Hier wurde »eine perfekt durchorganisierte politische ›Volksgemeinschaft aus Nachbarschaften‹ erstrebt, deren Träger, ›Blockwalter‹ und ›Blockleiter‹, dem Ortsgruppenleiter und der Partei (NSDAP) verpflichtet waren« ¹⁶⁵. Ein Vorbild dazu hatte *A. Mahraun* schon vor 1933 geliefert, wenn auch mit deutlich anderen Absichten: Er forderte, »die Nachbarschaft als den parteifreien, verbändefreien Raum, als eine ›Ortsgruppe der Staatsbürgerschaft‹ von Staates wegen zu dekretieren. Aus den gewählten Sprechern der Nachbarschaft sollte im System sich nach oben fortsetzender Wahl (Kur) eine neue staatliche Hierarchie gebildet werden bis zur Regierungsspitze hin, lückenlos und somit ohne Reservate für die Selbstverantwortung der kleinen Gruppe ¹⁰⁶.«»Nach dem Kriege suchte *Mahraun* die Bildung freiwilliger, sozial und politisch wirkender Nachbarschaften zu fördern.« ¹⁶⁷
P. Luecke, ehemals Wohnungsbauminister der Bundesrepublik Deutschland, versuchte, sein politisches Ziel, die »Abwehrbereitschaft gegen die kollektiven Mächte des Ostens«, auf indirektem Weg zu erreichen. Durch die Förderung des Eigenheimes soll die »freie Entfaltungsmöglichkeit und die Würde der von uns zu betreuenden (sic!) Menschen« gewährleistet werden ¹⁶⁸.»Indem wir mit den Mitteln des Wohnungs- und Städtebaues privates Einzeleigentum schaffen, stärken wir das staatsbürgerliche Verantwortungsgefühl unserer Menschen, immunisieren wir sie gegen politische Extreme und bauen so an entscheidender Stelle mit an dem Bollwerk zum Schutz unseres Staates gegen äußere und innere Bedrohung.« ¹⁶⁹ Für ihn erwachsen Freiheit, Menschenwürde und Fähigkeit zur Gemeinschaft erst aus dem Besitz, so wie in frühen Arbeiten *E. Pfeils* »freie, unabhängige, selbständig denkenden Menschen nur als Hausbesitzende«, keinesfalls aber als Mieter gedacht werden können ¹⁷⁰.
W. Forstmann, der durch sozialpädagogische Maßnahmen die »Anknüpfung nachbarlicher Beziehungen« fördern will, vertritt ein ähnlich paternalistisches Gesellschaftsbild. Ihm liegt vor allem daran, »Wohnkultur« zu vermitteln, die er als Achtung vor dem Eigentum des Vermieters und, in Werksiedlungen, vor Firmenbesitz und Betriebsklima propagiert ¹⁷¹. Auch *G. Östreich* bedauert, daß »eine

---

[164] König, R.: Grundformen der Gesellschaft: die Gemeinde, S. 63.
[165] Roth, W.: Dorf im Wandel, S. 162.
[166] Rudolph, J.: Die ideologisierte Nachbarschaft, S. 16.
[167] Ebenda, S. 17.
[168] Lücke, P.: Raumordnung als politisches Leitbild, S. 572.
[169] Ebenda.
[170] Pfeil, E.: Großstadtforschung, S. 126.
[171] Forstmann, W.: Wohnkultur und Städtebau.

fruchtbare soziale Kontrolle, die dafür sorgt, daß der einzelne sich nach den tradierten Verhaltensweisen orientiert und der Kritik unterliegt, wo er von diesen Normen abzuweichen scheint«, in der Großstadt kaum mehr möglich sei [172]. Sie schlägt ebenfalls vor, »daß sich die Pädagogik die Pflege des Nachbarschaftsgedankens zur Aufgabe stellen kann, daß das Wie menschlichen Nachbarseins in den Blickpunkt einer Sozialerziehung rückt und damit zum Kernstück einer Sozialpädagogik« werde [173].
Prägnant wird das Verständnis der neuen deutschen Demokratie, wie es sich bei solchen Autoren präsentiert, von *H. Berndt* zusammengefaßt: »Die Pflege dieser menschlichen Werte, vor allem die Wahrung der persönlichen Freiheit des Menschen, wird zugleich mit der Erhaltung der bestehenden Ordnung verknüpft. Die Entfaltung von Freiheit, wenn sie ›echt‹ sein soll, sei nur in bestimmten Bereichen möglich: in der Familie, in der Nachbarschaft oder überhaupt in der Gemeinschaft; ausgespart bleibt die Freiheit in Schule, Betrieb, Behörde und anderen gesellschaftlichen Institutionen. Allein in kleinräumigen Bereichen könne wahre Demokratie gedeihen, die gegen ›Vermassung‹ schütze.« [174]

---

[172] Oestreich, G.: Nachbarschaftsheime gestern, heute – und morgen?, S. 17.
[173] Ebenda, S. 16.
[174] Berndt, H.: Das Gesellschaftsbild bei Stadtplanern, S. 51.

3. Empirie

3.1 Untersuchungsziele

Die vorliegende Untersuchung der zum Thema Nachbarschaft publizierten Materialien verfolgt eine Reihe verschiedener Ziele, so wie sie sich auch an verschiedene Adressaten wendet: Aus der Perspektive der siedlungssoziologischen Theorie ist die Frage zu beantworten, ob sich heute bereits Elemente einer empirisch abgesicherten Theorie der Nachbarschaft abzeichnen, welches diese Elemente sind und welcher theoretische Bezugsrahmen zur Erklärung und Generalisierung am ehesten geeignet erscheint. Dabei wird eine Theorie der Nachbarschaft im Sinne einer »Theorie mittlerer Reichweite« *(Merton)* zur Siedlungssoziologie aufgefaßt, also nicht der Anspruch erhoben, damit schon eine umfassende soziologische Siedlungstheorie zu liefern.

Dem an der Verwendbarkeit sozialwissenschaftlicher Aussagen für die planerische Praxis Interessierten soll beispielhaft gezeigt werden, wie diese Umsetzung vor sich gehen könnte. Bewußt wird nur ein Ausschnitt des ganzen Spektrums soziologischer Beiträge zur Planung herangezogen; an Darstellungen der Breite dieses Spektrums fehlt es nicht, es ist aber bisher kaum gelungen, einzelne relevante Aspekte genügend in die Tiefe zu verfolgen. Hier hätte der Beitrag der Soziologie für die interdisziplinäre Zusammenarbeit anzusetzen. Erst in intensiver Kooperation mit dem Planer könnte dann die notwendige Übersetzungsarbeit geleistet werden.

Durch die Analyse eines Konzeptes, dem in Stadtplanung wie in Siedlungssoziologie gleichermaßen einiges Gewicht beigemessen worden ist, soll schließlich dem Planer gezeigt werden, in welchen Dimensionen soziologisches Denken sich bewegt und welche Erwartungen er legitimerweise an den Soziologen stellen kann. Die ideologiekritische Perspektive, die im ersten Teil behandelt worden ist, ist eben nur eine neben anderen. Neben sie, wenn auch nicht unabhängig von ihr, muß die empirische Forschung treten, die – soll sie sich nicht in zusammenhangloser Deskription erschöpfen – durch die soziologische Theorie zu ergänzen ist. Sie sollte über die Beschreibung hinaus Erklärungen liefern und damit fundierte Aussagen über die sozialen

Konsequenzen planerischer Maßnahmen erlauben. Der Soziologe hat dabei zu beachten, daß seine Wissenschaft für den Planer eine Hilfsdisziplin unter anderen ist. Oftmals hat er auf die Gewichtung seines Beitrages nur geringen Einfluß. Nun muß an dieser Stelle aber auch gesagt werden, daß die Soziologie bisher viele planungsrelevante Aspekte gar nicht als Problem erkannt hat, das der intensiven Erforschung wert wäre. Zu einer Soziologie des Verkehrs, der Architektur oder des Wohnens zum Beispiel liegen erst spärliche Ansätze vor. Dieses Dilemma wird erst dann überwunden werden können, wenn auch im akademischen Bereich die interdisziplinäre Zusammenarbeit etabliert ist. Dazu kommt, daß nur selten die für die notwendige Grundlagenforschung unerläßlichen Mittel zur Verfügung stehen. Während Fragen des Umweltschutzes zu einem Politikum geworden sind, aus dem sich leicht Kapital schlagen läßt, werden die sozialen Belange des Wohnens und der Siedlung – obgleich von ebenso großer Bedeutung – weitgehend ignoriert.

3.2 Methodologische Probleme

Der Versuch, der hier unternommen werden soll, müßte unvollständig bleiben, wenn nicht klargelegt würde, auf welchen Quellen aufgebaut werden soll und welches die methodologischen und wissenschaftstheoretischen Probleme sind, die sich dabei stellen. Nur so ist es möglich, die über die Nachbarschaftsbeziehung zu formulierenden Aussagen zu gewichten und den theoretischen Ausgangspunkt, unter dem die Synthese des empirischen Materials vollzogen werden soll, zu verstehen und der Kritik zugänglich zu machen.

3.2.1 Quellen

Bei den für diesen zweiten Teil herangezogenen Grundlagen handelt es sich fast ausnahmslos um empirische Untersuchungen, die nach 1945 durchgeführt worden sind. Allgemein herrscht dabei die Form der Fallstudie vor; vergleichende Untersuchungen innerhalb einer Gesellschaft oder interkulturell vergleichende Arbeiten sind selten. Aus dem besonderen Charakter von Fallstudien stellen sich eine ganze Anzahl besonderer Probleme, als wichtigstes wohl die Frage nach der Zulässigkeit von Verallgemeinerungen, dann aber auch die der Vergleichbarkeit empirisch erhobener Daten. Einflüsse spezifischer Wissenschaftstraditionen sind ebenso zu berücksichtigen wie kulturspezifische Unterschiede der Untersuchungsobjekte; auch das erhebungstechnische Instrumentarium muß kritisch überprüft werden, bevor

man sich dazu entschließen kann, einen Befund anzunehmen oder abzulehnen.
Von großer Bedeutung für die europäische Soziologie war es, als nach dem Ende des zweiten Weltkrieges ein intensiver Kontakt mit der amerikanischen Sozialforschung möglich wurde. Gerade in Deutschland, wo die soziologische Forschung während des Hitler-Regimes nahezu zum Erliegen gekommen war – die Deutsche Gesellschaft für Soziologie hatte schon 1934 ihre Tätigkeit eingestellt, und viele deutsche Soziologen hatten die Emigration der Untätigkeit oder gar der Verfolgung vorgezogen [1] –, aber auch in Frankreich bestand intensiver Nachholbedarf. Eine solche Unterbrechung hatte es in den USA nicht gegeben, und so war es kein Zufall, daß die Entwicklung des methodischen Instrumentariums dort viel weiter fortschreiten konnte. Die Rückkehr vieler Emigranten und der zunehmend mögliche Austausch von Forschungsberichten erleichterte die Rezeption dieser Errungenschaften. Damit konnte auch eine neue, der deutschen Wissenschaftradition fremde Haltung einziehen. *T. W. Adorno* hat eindrücklich von seinen Erfahrungen während der Emigrationszeit berichtet. Nachdem ihm zunächst der Unterschied zwischen dem Intellektuellen und dem Forschungstechniker bewußt geworden sei, habe er erst in Amerika das ganze Gewicht dessen erfahren, was Empirie heißt [2]. Damit konnte auch eine neue intensive Phase in der Auseinandersetzung um das Verhältnis von Theorie und Empirie beginnen, die in Deutschland heftig geführt wurde und zweifellos auf Amerika zurückgewirkt hat.
Überall in Europa begann man nun mit Gemeindestudien, orientiert an den großen amerikanischen Vorbildern der Chicagoer Ökologenschule, der Arbeiten der beiden *Lynd* oder *Warners*, aber mit jeweils unterschiedlichen Intentionen. Fast könnte man in der Geschichte der deutschen Siedlungssoziologie von den fünfziger Jahren als dem Jahrzehnt der Empirie sprechen, während in den sechzigern theoretische Arbeiten vorherrschten. Erst in den letzten Jahren gewinnt das Gebiet wieder zunehmend an Interesse, nachdem man lautstark den Einbezug der Sozialwissenschaften in die Stadtplanung gefordert hatte, ohne dafür noch genügend gerüstet zu sein. Die Gefahr, der sich die deutsche Soziologie immer wieder ausgesetzt sah, ist allerdings noch nicht gebannt: »Es ist ein merkwürdiger und bezeichnender Zug der deutschen Soziologie, daß sie sich vorwiegend großen Konstruktionen und der Herausarbeitung von Idealtypen zugewandt hat und darüber die Erforschung von realen Typen des täglichen Lebens und des Großstadtdaseins versäumt hat«, vermerkte *M. Rupf*

---

[1] Jonas, F.: Geschichte der Soziologie, Bd. 4, S. 84.
[2] Adorno, T. W.: Wissenschaftliche Erfahrungen in Amerika, in (1), S. 148.

schon 1931 ³. Zweifellos kann die Konstruktion von Idealtypen zu einem bedeutsamen Hilfsmittel wissenschaftlicher Forschung werden; problematisch wird dieses Vorgehen allerdings dann, wenn die Werke vom Mittel zum Zweck avancieren und man sich unversehens bei Reifikationsversuchen wiederfindet.

Der Elan, mit dem in den fünfziger Jahren im Bereich der Siedlungssoziologie geforscht wurde, brachte in Deutschland eine ganze Reihe wichtiger Publikationen, wenn auch keine mehr dem umfassenden Rahmen der Darmstadt-Studie vergleichbar war: *Wurzbacher* legte 1954 seine Gemeindestudie vor, die vom deutschen UNESCO-Institut und seinem Leiter *C. M. Arensberg* angeregt worden war. 1958 erschienen dann *Klages'* Nachbarschaftsuntersuchung, in mehreren Siedlungen bei Hamburg und Dortmund durchgeführt, die die Vorstellung vom einsamen Großstädter ins Wanken brachte; die Arbeit von *R. Mayntz* über »Soziale Schichtung und sozialen Wandel in einer Industriegemeinde«; die Untersuchung des Strukturwandels in einer Zechengemeinde des Ruhrgebietes von *H. Croon* und *K. Utermann* sowie die aus dem gleichen empirischen Material stammende Analyse über »Familien in ihrer Umwelt« von *D. v. Oppen*. 1959 wurde ein weiterer umfangreicher Band mit Studien aus dem Dortmunder Raum von *G. Ipsen* herausgegeben: »Daseinsformen der Großstadt«, und ein Jahr später publizierte *M. Irle* »Gemeindesoziologische Untersuchungen zur Ballung Stuttgart«.

Eine ähnliche Welle von berühmt gewordenen Arbeiten findet sich in dieser Zeit in England, angefangen bei den Berichten von *R. Glass* über »Middlesborough« (1948) und *H. Orlans* über »Stevenage« (1952), die sich erstmals mit den New Towns beschäftigten. Die sozialkritische Intention wird deutlich in der Untersuchung von *P. Willmott* und *M. Young* über die Arbeiterquartiere Ost-Londons (1957) sowie in der Studie »The People of Ship Street« von *M. Kerr* (1958). Daneben wären noch die Arbeiten von *W. M. Williams* (1956), *P. Townsend* (1957) und *M. Stacey* (1960) zu erwähnen, ohne daß damit die Aufzählung – sowenig wie die der deutschen Arbeiten – vollständig wäre.

Bedauerlicherweise sind im deutschen Sprachbereich die französischen Publikationen aus der gleichen Periode kaum bekanntgeworden. Im Zentrum des Interesses stehen hier meist Fragen der politischen Einstellung, der Klassenstruktur, der Sozialökologie. Die Reihe beginnt mit der Studie von *C. Bettelheim* und *S. Frere* über Auxerre, eine französische Mittelstadt. Mit den Erhebungen war bereits 1947 begonnen worden, der Forschungsbericht wurde 1950 publiziert und diente vielen anderen Arbeiten als Vorbild.

³ Zit. nach Pfeil, E.: Großstadtforschung, S. 72.

P. Clement und *N. Xydias* untersuchten nach ganz ähnlichem Konzept »Vienne sur le Rhône« (1955). Von der Zielsetzung wie von der Methode her ganz anders aufgebaut, aber nicht minder interessant ist die Arbeit von *M. Quoist* über Rouen, die 1952 erschienen ist. 1953 folgte ein Bericht über Untersuchungen in »Nouville« von *L. Bernot* und *R. Blanchard*. Vor allem aber sind zu erwähnen die Studien von *P. H. Chombart de Lauwe*, dem Altmeister der französischen Stadtsoziologie. Er geht von den Konzepten der sozialen Morphologie aus und ermöglicht in den beiden Bänden über »Paris et l'agglomération parisienne« (1952) durch die Verwendung von kartographischen Techniken viele verblüffend klare Einsichten. Seine vielen anderen Arbeiten sind so bekanntgeworden, daß sie hier nicht mehr aufgeführt werden sollen (vgl. Literaturverzeichnis).

Viele französische Untersuchungsberichte sind leider nicht im Buchhandel erschienen, sondern werden nur auf Anfrage von den beteiligten Instituten zur Verfügung gestellt. Deshalb weiß man wohl auch sehr wenig darüber, in welcher Richtung die französische Siedlungssoziologie sich bewegt. Das gilt auch für die Arbeiten, die aus einem Forschungsprogramm des Ministère de l'Equipement seit 1964 entstanden sind. Die soziologischen Abteilungen verschiedener Universitäten sind gebeten worden, die gesellschaftliche Entwicklung in ihren Städten regelmäßig zu verfolgen. Die Hauptakzente liegen dabei auf Fragen der Partizipation, der politischen Entscheidungsprozesse und der Zusammenarbeit zwischen Soziologen und Urbanisten[4]. Die seit 1971 von *H. Lefèbvre* und *A. Kopp* herausgegebene Zeitschrift »Espaces et sociétés« dürfte dazu beitragen, diese Informationslücke zu füllen.

In den meisten der angeführten Studien, aber auch in vielen der mehr theoretisch orientierten Beiträgen der sechziger Jahre wird Nachbarschaft nur als Randproblem behandelt. Den Versuch einer umfassenden Darstellung hat lediglich *S. Keller* während ihrer Studien am Athens Center for Ekistics unternommen, und ihre Arbeit bezieht sich speziell auf die amerikanische Situation[5].

Die Frage, ob die Studie von *Keller* nicht auch für unsere Verhältnisse verwendet werden könne, läßt sich nur beantworten, wenn man sich die relevanten Unterschiede zwischen dem amerikanischen und dem deutschsprachigen Raum vor Augen hält. Wichtige Anhaltspunkte dazu liefert ein Beitrag von *H. E. Bracey*, der das Nachbarschaftsverhalten in neuen Siedlungen in England und den USA vergleichend untersucht hat. Auf seine Darstellung ist hier kurz einzugehen, allerdings nur hinsichtlich einiger bezeichnender Punkte:

---

[4] Trystram, J. P. (éd.): Sociologie et développement urbain.
[5] Keller, S.: The Urban Neighborhood.

Der Verdienst des Amerikaners liegt in allen Berufen höher als in England[6]; so bleibt ihm mehr frei verfügbare Zeit. Das gilt vor allem auch für die Hausfrauen, deren Haushalt im allgemeinen rationeller eingerichtet ist. In beiden Ländern dominiert die Tradition des Einfamilienhauses. Die Bodenpreise sind jedoch tiefer in den USA, und der Amerikaner baut sein Haus meist selbst oder mit nachbarlicher Hilfe aus Holz, während in England der kommunale Wohnungsbau mit Vermietung vorherrscht[7]. Der Amerikaner ist in seiner beruflichen Tätigkeit im allgemeinen viel flexibler, ist eher bereit, sich umzuschulen, und verfügt auch über ein breiteres Angebot an Bildungseinrichtungen[8]. Damit wächst auch seine geographische Mobilität. Obwohl englische Vorstadtsiedlungen wegen der scharfen Trennung zwischen eigenem und gemietetem Haus eher von einer homogenen Bevölkerung bewohnt sind[9], ist doch der Konformitätsdruck in den USA stärker, der Wohnsitz wird eher als Statussymbol betrachtet[10] und demzufolge auch mit sozialem Aufstieg bereitwillig gewechselt[11]. Sobald es aber einer nicht statusgleichen Familie gelingt, sich in eine solche Siedlung einzukaufen, sinkt deren Prestige, und die, die es sich leisten können, ziehen so schnell wie möglich aus[12]. Während ein Zuzügler in einer englischen Siedlung mißtrauisch beobachtet wird und Schwierigkeiten hat, mit seinen Nachbarn Kontakt aufzunehmen, verfügen die Bewohner amerikanischer Subdivisions über ein reiches Instrumentarium an Sozialtechniken, die die Integration von Neuankömmlingen erleichtern[13]. Im Unterschied zum Engländer empfindet der Amerikaner nicht jeden Versuch zur Kontaktaufnahme a priori als Bedrohung seiner Privatsphäre[14]. Bezeichnend ist auch, daß der Zuzügler in englischen Siedlungen sein Haus sofort mit Hecke oder Zaun gegen die Nachbarhäuser abgrenzt, eine Sitte, die in den USA – abgesehen von Orten in den Neuenglandstaaten – gar nicht gebilligt würde[15]. Allerdings ist der Amerikaner wegen seiner hohen Beweglichkeit nicht darauf angewiesen, seine Freunde und Verwandten in räumlicher Nähe seiner Wohnung zu wissen; seine Beziehungen sind eher unverbindlich und for-

---

[6] Bracey, H. E.: Neighbours, S. 184.
[7] Ebenda, S. 28.
[8] Ebenda, S. 102.
[9] Ebenda, S. 20.
[10] Ebenda, S. 1.
[11] Ebenda, S. 102.
[12] Ebenda, S. 24.
[13] Ebenda, S. 98 f.
[14] Ebenda, S. 117.
[15] Ebenda, S. 84.

malisiert, auch dort, wo er Nachbarn in seine Wohnung einlädt [16]. *Bracey* glaubt, in England sei die fortlebende aristokratische Tradition mit dafür verantwortlich, daß man bei auftretenden Mängeln zuerst auf die Initiative anderer warte, während der Amerikaner die Institution der local voluntary association seit langem kenne und darüber hinaus immer zu Ad-hoc-Organisationen zur Bewältigung bestimmter Probleme bereit sei [17]. *Bracey* hat bei der Auswahl seiner Untersuchungsgemeinden darauf geachtet, voraussehbare Unterschiede so gering wie möglich zu halten, und er vergißt auch nicht, daß seine Befunde zu großen Teilen in ihrer Gültigkeit auf schichtspezifische Verhaltensweisen beschränkt sind. Aber die Tendenz, die er herausgearbeitet hat, läßt doch den Schluß zu, daß Art und Intensität nachbarschaftlicher Verhaltensweisen von einer Vielzahl kulturspezifischer Variablen beeinflußt werden. Es gibt keinen plausiblen Grund für die Annahme, dies gelte nicht auch für deutschsprachige Gesellschaften.

Stellt man sich nun die Frage nach der Vergleichbarkeit empirisch erhobener Daten, die in verschiedenen Gesellschaften erhoben worden sind, so liegt die Antwort nahe: Grundsätzlich wird man davon ausgehen müssen, daß empirische Untersuchungen nur gültige Aussagen über die soziale Situation zulassen, in der sie durchgeführt worden sind. Diese Feststellung ist um so bedeutsamer, als sie in der überwiegenden Zahl der im deutschen Sprachraum publizierten siedlungssoziologischen Studien ignoriert wird.

Allerdings ist auch diese Aussage in einer Hinsicht zu relativieren: Aussagen auf höherem Abstraktionsniveau sind tendenziell eher übertragbar, wenn auch ihr Erklärungsgehalt geringer ist. Dabei ist aber immer zu prüfen, aus welchen Grundlagen sie deduziert worden sind. Die konkreten Nachbarschaftsbeziehungen können in verschiedenen sozialen, historischen und kulturellen Situationen sehr verschieden aussehen und unterschiedlich gewichtet werden. Deswegen ist aber die Annahme, sie seien in erster Linie – wenn auch keineswegs ausschließlich – ökonomisch motiviert, noch nicht falsch. Sie wird im Gegenteil gerade auch aus uns fremden Situationen überliefert, was aber noch nicht heißt, daß sie deswegen schon universelle Gültigkeit beanspruchen darf.

Auch innerhalb einer nationalen Gesellschaft bestehen vielfältige regionale, historische und kulturelle Unterschiede. *Bracey* führt auch klimatische Verschiedenheiten an, indem er darauf hinweist, daß der Außenraum der Wohnung wegen des langen warmen Sommers

---

[16] Ebenda, S. 107.
[17] Ebenda, S. 183.

in den USA viel intensiver genutzt wird als in England und damit auch die Chance für intensivere Nachbarschaftskontakte steigt[18]. Hier zeigt sich die Problematik, die aus dem Studium streng isolierter Einheiten herrührt. Vergleichende Forschung ist zwar viel aufwendiger, wäre aber für die Theoriebildung erheblich fruchtbarer als die Fortsetzung der vorliegenden Reihe von Fallstudien. So hat auch *Drewe* richtig bemerkt: »Jede Gemeindestudie im herkömmlichen Sinne vermehrt das Wissen über eine bestimmte Gemeinde, jedoch kaum das Wissen über Gemeinden generell.«[19]
Ein weiteres Problem entsteht aus dem in empirischen Studien eingesetzten Instrumentarium. Erst wenn man die jeweils verwendeten Erhebungstechniken kennt, ist es möglich, die Befunde kritisch zu würdigen. Leider enthalten nur wenige Publikationen genügende Informationen zu diesem Punkt. Ist man sich der Probleme bewußt, die der Einsatz bestimmter Erhebungstechniken mit sich bringt, so lassen sich die mit ihnen gewonnenen Erkenntnisse nur in einem negativen Sinn beurteilen: Man kann sagen, was mit den in einem konkreten Fall angewandten Techniken sicher nicht festgestellt werden kann. Um dagegen beurteilen zu können, was jeweils als genügend gesichert gelten darf, braucht man über Informationen zum Instrumentarium hinaus noch solche über seine Anwendung. Der bloße Abdruck eines Fragebogens genügt dazu noch nicht; vielmehr ist wesentlich, ob etwa mit der wenig aufwendigen Form des Telefoninterviews gearbeitet, ob schriftlich oder mündlich befragt wurde, welcher Spielraum dem Interviewer zugebilligt wurde etc. Die Methodenforschung hat genügend deutlich gezeigt, welchen Einfluß solche Varianten auf das Antwortverhalten der Auskunftspersonen haben können. Darüber hinaus ist die Befragung zwar die in Gemeindestudien am häufigsten verwendete Technik, sie ist aber nicht immer angebracht und kann selten alleine zu sinnvollen Ergebnissen führen. Vor allem können so ja nur Hinweise auf verbales Verhalten, auf Einstellungen und Werthaltungen gewonnen werden. Zwischen verbalem und tatsächlichem Verhalten bestehen regelmäßig erhebliche Unterschiede. Die daraus sich aufdrängende Konsequenz, zusätzlich noch andere Untersuchungsmethoden einzusetzen, wird aber nur in den wenigsten Fällen gezogen. Das wird häufig daran liegen, daß die zur Verfügung stehenden finanziellen und personellen Mittel beschränkt sind. Man muß sich aber fragen, ob es überhaupt sinnvoll sein kann, Forschungsprojekte mit ungenügenden Mitteln

---

[18] Ebenda, S. 183.
[19] Drewe, P.: Ein Beitrag der Soziologie zur Regional- und Stadtplanung, S. 49.

durchzuführen. Das gilt ähnlich auch für die Stichprobenwahl. Erst aus der genauen Kenntnis der Stichprobe und der Grundgesamtheit können ja Schlüsse über den Gültigkeitsbereich eines Befundes gezogen werden. Es ist nicht gleichgültig, wenn man der Bequemlichkeit halber nur Hausfrauen befragt und aus deren Auskünften dann auf das Verhalten der anderen Familienmitglieder schließt.
Auch die differenzierten Methoden der statistischen Analyse werden nur selten in wünschenswertem Umfang eingesetzt. Einfache Signifikanzberechnungen, wie man sie hie und da noch findet, stellen nur einen bescheidenen Anfang in dieser Richtung dar. Zweifellos würde sich in vielen Fällen der Aufwand intensiver Sekundäranalysen rechtfertigen.
Selten werden in Berichten über empirische Untersuchungen die zu überprüfenden Hypothesen explizit formuliert, und über ihr Zustandekommen bleibt man regelmäßig im unklaren. Die erfahrungsgemäß delikate, aber entscheidende Phase der Operationalisierung solcher Hypothesen wird gar in vielen Lehrbüchern über Methodik der empirischen Sozialforschung nur in Nebensätzen erwähnt. In Forschungsberichten fehlen die dazu notwendigen Angaben fast durchgehend.
Diese wenigen Hinweise müssen genügen, um zu zeigen, daß die im folgenden zu referierenden Forschungsergebnisse vom erkenntnistheoretischen wie vom methodologischen Standpunkt aus nur unter Vorbehalten zu verwenden sind. Es geht hier auch nur darum, aus dem bisher akkumulierten Wissen im Bewußtsein der sich dabei stellenden Probleme ein System begründeter Hypothesen herauszuarbeiten, die in systematischer Forschung zu überprüfen wären.

3.2.2 Wissenschaftstheoretische Fragen

Soziologische Gemeindestudien können verschiedenen Erkenntniszielen dienen, nämlich einmal der »reinen« Erkenntnis, deren letztes Ziel eine universell gültige Theorie der menschlichen Siedlung sein müßte, zum zweiten können sie dazu dienen, strategische Informationen im Sinne einer angewandten Wissenschaft zu gewinnen. Das Ziel wäre hier die gezielte Gestaltung von Gemeinden auf einen bestimmten Soll-Zustand hin. Auch kann, von den Erkenntniszielen her gesehen, die Gemeinde unterschiedliche Stellenwerte einnehmen: Sie kann eigentliches Forschungsobjekt oder sie kann Paradigma für andere, übergeordnet vorgestellte Phänomene sein. So ergeben sich vier theoretische Perspektiven, unter denen die Gemeinde studiert werden kann:

1. Die »reine« Erkenntnis versucht, wenn sie die Gemeinde zum Ob-

jekt ihrer Forschung wählt, nach einer universellen Theorie der menschlichen Siedlung;
2. nimmt sie aber die Gemeinde als Paradigma für gesamtgesellschaftliche Prozesse, so strebt sie letztlich nach einer globalen Gesellschaftstheorie;
3. wird die Gemeinde unter strategischem Interesse als Forschungsobjekt benutzt, so ist damit die Suche nach konkreten Anhaltspunkten für gestalterische Eingriffe, also zum Beispiel für Stadtplanung, verbunden;
4. assoziiert sich schließlich die paradigmatische Sicht der Gemeinde mit einem strategischen Erkenntnisinteresse, so liegt einem primär an gesamtgesellschaftlicher Reform.

Aus allen diesen Perspektiven erwachsen besondere wissenschaftstheoretische Probleme, die jeweils eigener Untersuchungen wert wären. Die ›Große Theorie‹ der Siedlung müßte auf einem Abstraktionsniveau formuliert werden, das ihre Aussagekraft für jede konkrete Gemeinde bis auf ein Minimum reduzieren dürfte. Sie wäre, ebenso wie die globale Gesellschaftstheorie, auf gründliche interkulturelle Studien angewiesen, aber die Erkenntnisse, die sie zutage fördern könnte, müßten wegen ihres hohen Grades an Verallgemeinerung auf weite Strecken banal erscheinen. So verwundert es nicht, daß für die beiden ersten Perspektiven nur ein geringes Interesse zu bestehen scheint. Die vierte, an Sozialreform orientierte Sicht war der Ausgangspunkt der frühen Sozialutopisten bis hin zu den Architekten, die glaubten, gesellschaftliche Veränderungen ließen sich durch die Manipulation räumlicher Elemente produzieren. Das Hauptgewicht der neueren Forschung liegt daher im dritten, dem engsten aller angeführten Bereiche. Man ist allgemein bescheidener geworden, hat nicht mehr den oft abenteuerlich anmutenden Ehrgeiz, Zielen nachzujagen, die auf absehbare Zeit hinaus einfach nicht erreicht werden können.

Trotzdem sollen hier noch einige Worte über die paradigmatische Sicht der Gemeinde gesagt werden, deren Einfluß sich an manchen Beispielen nachweisen ließe. Die Auffassung, an der Gemeinde könne quasi ›experimentell‹ eine große Zahl gesellschaftlicher Prozesse studiert werden, die weitgehend unabhängig sind vom Beziehungsfeld zwischen physischem Raum und sozialem Verhalten, erwächst meist aus forschungsökonomischen Gründen. Weil es allzu kompliziert und kostspielig sein müßte, Phänomene wie sozialen Wandel, soziale Mobilität oder Schichtung auf gesamtgesellschaftlicher Ebene zu untersuchen, nimmt man an, dies sei auch auf der Ebene der Gemeinde möglich, und man könne von dort her auf die Globalgesellschaft zurückschließen. *C. W. Arensberg* hat darauf hingewiesen, daß sich aus der Frage, ob die Gemeinde ein brauchbares Paradigma für das Studium solcher Prozesse abgeben könne, einige schwerwiegende logische Probleme ergeben [20].

Ein Satz wie: Der Großstädter »will durch keine vorgegebene Nachbarschaft gebunden sein, sondern darüber verfügen können, zu welchem Nachbarn er die Distanz der Fremdheit beibehalten und mit welchem er nachbarlich verkehren will« [21], enthält eine Aussage, deren wissenschaftlicher Wert problematisch ist. Seine Elemente sind nicht definiert, und folglich kann auch der Geltungsbereich der verwendeten Begriffe nicht angegeben werden. Gilt die Aussage denn für jeden Großstädter? Und was erlaubt die Bestimmung dessen, was ein Großstädter sei? Was ist Nachbarschaft, was bedeutet »vorgegeben«? Und wie würde *Schelsky* die »Distanz der Fremdheit« definieren oder gar messen? Der zitierte Satz beansprucht, so wie er formuliert ist, eine universelle Gültigkeit, und darin liegt seine Fragwürdigkeit. Selbst wenn man annähme, die in ihm enthaltenen Begriffe seien definiert, so könnte er doch an einer beliebigen Zahl von Einzelfällen empirisch widerlegt werden.

Aus ähnlichen Sätzen bestehen große Teile der verstreuten Beiträge zum Thema Nachbarschaft. Ihnen allen ist der oben umschriebene Mangel gemeinsam: der eines der Problemstellung nicht adäquaten Abstraktionsniveaus. Dem liegt letztlich immer eine falsche Fragestellung zugrunde, zum Beispiel die nach einer allgemeinen Theorie der Stadt. Das Totalphänomen Stadt kann aber beim heutigen Stande unseres Wissens nicht bewältigt werden. Bevorzugtes Objekt der Forschung sollten deshalb vielmehr jene grundlegenden sozialen Prozesse sein, aus denen das Gebilde Siedlung verständlich zu werden verspricht. Entwürfe wie die von *H. P. Bahrdt*, von *R. König*, von *H. Oswald* oder *N. Schmidt-Relenberg* greifen zu weit, ohne daß ihnen allerdings deswegen der wissenschaftliche Wert abgesprochen werden sollte. Sie müßten als »orientierende Feststellungen« im Sinne der *Homans*schen Terminologie angesehen werden [22], und als solche können sie durchaus fruchtbar sein.

---

[20] Arensberg, C. M.: Die Gemeinde als Objekt und als Paradigma, in (104), S. 499.
[21] Schelsky, H.: Ist der Großstädter wirklich einsam?, in (158), S. 308. Das Beispiel ist als Demonstrationsobjekt gewählt und daher bewußt aus dem Zusammenhang gerissen worden. Schelskys Intentionen gehen in diesem Aufsatz ja nicht darauf aus, eine Theorie der Nachbarschaft zu entwickeln.
[22] Homans, G. C.: Was ist Sozialwissenschaft?, S. 26 ff.

3.2.3 Der analytische Ansatz

Welcher analytische Ansatz kann am ehesten die Forderungen, die in den vorangehenden Abschnitten umschrieben worden sind, erfüllen? Was hätte ein solches Denkinstrument zu leisten? Sicher muß der Charakter nachbarschaftlichen Verhaltens, müssen die normativen Regelungen, denen es unterliegt, zum Ausdruck gebracht werden können. Die vielfältigen Differenzierungen müssen klar herausgearbeitet werden können, Raum- und Interaktionsaspekt sind zu berücksichtigen, und Bedeutungsunterschiede dürfen nicht verlorengehen. Dazu sollte es möglich sein, die betrachteten Phänomene in meßbare Indikatoren aufzugliedern und zwischen ihnen herrschende Beziehungen darzustellen. All das sollte mit dem Konzept der Rollenanalyse möglich sein.

Die zentralen Begriffe dieses Konzeptes sind nicht einheitlich definiert, so daß sich hier ein knapper Abriß des Ansatzes und eine kurze Umschreibung seiner wichtigsten Elemente empfiehlt:
Menschliches Handeln ist niemals völlig willkürlich, es erscheint meist auf irgendeine Weise geregelt. So orientiert sich soziales, also auf andere Menschen bezogenes Handeln am jeweiligen Interaktionspartner und seinen Erwartungen, so wie wir ihm gegenüber Erwartungen über sein Verhalten hegen. Erwartungen über soziales Verhalten erfinden wir aber im allgemeinen nicht selber, sondern wir erlernen sie von Geburt an. Sie sind also gesellschaftlich definiert, unabhängig von den Menschen, die ihnen in einer konkreten Situation folgen. So ›weiß man‹ zum Beispiel genau, wie sich eine Ehefrau ›normalerweise‹ ihrem Gatten gegenüber verhalten sollte, auch wenn man die konkreten Personen, die das betrifft, gar nicht kennt. Ehefrau und Ehemann sind offenbar Charaktere, die in unserer Gesellschaft durch bestimmte Verhaltenserwartungen festgelegt sind, die aber im Prinzip jeder, der die entsprechenden Voraussetzungen (hier zum Beispiel Geschlecht und Alter) erfüllt, einnehmen kann. Sie werden als *soziale Positionen* bezeichnet. Die soziale Position Ehemann wird aber nicht nur gegenüber der Ehefrau relevant, sondern auch gegenüber anderen Positionen: dem Kind, den Berufskollegen etc., nämlich immer dann, wenn ein Träger der Position Ehemann sich seinem jeweiligen Interaktionspartner gegenüber ausdrücklich an Verhaltenserwartungen hält, die man an einen Ehemann zu stellen gewohnt ist. Verhaltenserwartungen, die mit der Position Ehemann verknüpft sind, können also von ganz verschiedenen anderen Positionen her gestellt werden. Jede von ihnen definiert eine *soziale Rolle*, und die verschiedenen Rollen, die an eine Position gebunden sind, werden als Rollenbündel bezeichnet. Verhält sich ein Ehemann gegenüber einem Berufskollegen als Ehemann, indem er

zum Beispiel mit ihm über Eheprobleme spricht, so sagt man, er verhalte sich rollengemäß oder er spiele die Rolle Ehemann. Wie ist es nun möglich, daß sich die vielen verschiedenen Menschen einer Gesellschaft alle mehr oder weniger genau rollengemäß verhalten? Im wesentlichen geschieht das durch zwei Mechanismen: Einmal werden soziale Rollen erlernt, man weiß also, nach welchen Regeln man sich verhalten sollte, und ein schlechtes Gewissen zeigt an, wann diese Regeln verletzt worden sind. Davon unterscheiden kann man die Mittel der sozialen Kontrolle, durch die richtiges Verhalten belohnt, falsches bestraft wird. Sie können von unterschiedlichem Gewicht sein, je nach der Art der Verhaltenserwartung (Muß-, Soll- oder Kann-Erwartungen). Ein Ehemann, der eine Muß-Erwartung verletzt, indem er zum Beispiel seine Frau umbringt, wird polizeilich verfolgt und »im Namen des Volkes« verurteilt. Hilft er aber seiner Frau nicht, eine schwere Tasche zu tragen, verletzt er also eine Kann-Erwartung, so werfen ihm die Leute, die dem Paar begegnen, mißbilligende Blicke zu und tuscheln vielleicht über ihn. Durch alltägliche Kontakte, vor allem durch Gespräche, bestätigt man sich gegenseitig immer wieder neu, daß die erlernten Verhaltensmuster immer noch gelten.

Nun nimmt aber kaum jemals ein Mensch nur eine einzige soziale Position ein; kein Mann ist schließlich nur Ehemann! Er ist auch Vater, hat einen Beruf, eine Konfession, ein bestimmtes Alter, ist Sohn, Bruder und Nachbar, Vorgesetzter, Freund und Vereinsgenosse, kurz: Er nimmt in einer großen Zahl sozialer Gruppen jeweils verschiedene Positionen ein, und sein Verhalten ist in fast allen Situationen des Lebens durch die Rollenerwartungen beeinflußt, die seine Interaktionspartner, die Komplementärpositionen, an ihn herantragen. Die Positionenmenge, also die Gesamtheit aller Positionen, die ein bestimmter Mensch einnimmt, kann verschieden groß sein; sie ist in der Regel um so größer, je stärker eine Gesellschaft differenziert ist. Die dazugehörenden Positionen werden auch unterschiedlich bewertet. In unserer Gesellschaft wird zum Beispiel die Berufsposition in der Regel höher bewertet als Vereinspositionen etc.

Niemand ist völlig frei in der Wahl der Positionen, die er einnehmen möchte, niemand kann zum Beispiel sein Geschlecht nach eigenem Gutdünken bestimmen. Deshalb unterscheidet man zwischen *zugeschriebenen* Positionen, also solchen, die man nicht durch eigenes Zutun erlangt, und *erworbenen*. Wird ein Säugling zum Beispiel getauft, so wird ihm damit auch eine Position innerhalb seiner konfessionellen Bezugsgruppe zugeordnet; wechselt jemand aber später die Konfession, so erwirbt er damit eine neue Position in einer anderen Bezugsgruppe.

Wo bleiben in diesem Konzept die persönliche Entscheidungsfreiheit und die unverwechselbare Individualität des einzelnen? Zunächst muß klargestellt werden, daß hier nicht die Freiheit eines naiven bürgerlich-liberalen Gesellschaftsverständnisses gemeint sein kann, das unserem heutigen empirisch überprüften Wissen in keiner Weise entspricht. Vielmehr geht es hier um Präferenzen im Positionenhaushalt, um die Interpretation sozialer Rollen, um den Spielraum, der dem einzelnen verbleibt, wenn man von der Betrachtung bestimmter Positionen und Rollen ausgeht. Tatsächlich ist ja keine soziale Rolle so präzis umschrieben, daß in ihr nicht ein gewisser Raum für freie Ausgestaltung bliebe. So soll der Ehemann zwar seiner Frau eine schwere Tasche abnehmen, niemand kann ihm aber vorschreiben, dafür irgendwelche Begeisterung aufzubringen. Auch kann man zum Beispiel seine Position als Bruder geringer schätzen als etwa eine Vereinsposition, und man wird folglich seinen *Positionenhaushalt* so einrichten, daß man mit seinen Geschwistern relativ weniger Zeit verbringt als mit seinem Verein. Darin liegt eine der Möglichkeiten, Konflikte, die zwischen verschiedenen Positionen auftreten können, zu bewältigen. So kann ein Konflikt zwischen der Berufsposition und der Position Ehemann entstehen, der nur durch eine Verschiebung der Präferenzen im Positionenhaushalt gelöst werden kann. Nur bei derart isolierter Betrachtung kann man aber von Freiheit reden; tatsächlich sind die ökonomischen und sozialen Zwänge in unserer Gesellschaft so komplex und so wirksam, daß echte Entscheidsituationen nur selten auftreten. So ist es zum Beispiel kaum jemandem möglich, seine Berufsposition beliebig zu gewichten.

Die Aktualisierung einer bestimmten Position ist immer an gewisse Situationsmerkmale gebunden. Niemand wird auf die Idee kommen, seine Position als Ehemann an jedem beliebigen Ort und zu jeder beliebigen Zeit aktualisieren zu wollen. Zu diesen Situationsmerkmalen gehört auch, daß man seine Komplementärpositionen erkennen kann. Das geschieht durch bestimmte Symbole, so zum Beispiel durch eine Fachsprache für die Berufsposition oder durch eine ausgezeichnete Kleidung für die Position in einem Sportklub. In solchen Situationen werden dann auch die gegenseitigen Rollenerwartungen wirksam.

Natürlich kann ein theoretisches Konstrukt wie die Rollentheorie nur als analytisches Hilfsmittel verstanden werden. Sie erlaubt eine relativ systematische Darstellung komplexer Vorgänge, aber sie erklärt noch nichts. Erst eine gründliche Beschreibung kann auf dem Weg zu Erklärungen weiterführen. Die Wahl des analytischen Ansatzes ist eine Frage der Zweckmäßigkeit: Leistet er besser als andere Ansätze, was in der konkreten Situation erreicht werden soll, so wird man ihn den anderen vorziehen. Hier waren nur die wichtigsten Begriffe der Rollenanalyse, wie sie im folgenden Kapitel verwendet werden sollen, einzuführen. Der Soziologe mag die recht oberflächliche Skizze des Konzepts, über das eine umfangreiche Spezialliteratur besteht, entschuldigen, sie soll dem Laien den Zugang erleichtern.

3.3 Analyse nachbarschaftlicher Beziehungen

3.3.1 Die soziale Position »Nachbar«

Die in der Einleitung gegebene Definition bezeichnet Nachbarschaft als soziale Gruppe, deren Mitglieder primär wegen der Gemeinsamkeit ihres Wohnortes miteinander interagieren. Die Interaktion muß nicht unbedingt manifest werden, sie wird im Sinne der Definition auch dann angenommen, wenn lediglich eine latente Bereitschaft zur Aufnahme von Beziehungen vorliegt. Diese Bereitschaft ist allgemeiner Inhalt einer sozialen Norm, die verlangt, daß Nachbarn unter bestimmten Voraussetzungen (Situationsmerkmalen) miteinander in Kontakt treten, und zwar unabhängig davon, wer in einem konkreten Fall davon betroffen ist. Damit kann der Begriff »Nachbar« als Bezeichnung einer sozialen Position verstanden werden. Nachbarschaft wird vom Raum her definiert, von der Gemeinsamkeit des Wohnortes. Damit ist nichts gesagt über die physische Distanz, die zwischen den Wohnungen der Mitglieder einer Nachbarschaftsgruppe bestehen mag. Das bedeutet, daß jeder, der wohnt, notwendig auch Nachbarn hat, nämlich alle Personen, deren Wohnungen am wenigsten weit von der eigenen entfernt sind. Nachbarschaft haftet somit »am Hofe oder Hause, nicht einmal an der Familie, geschweige denn am einzelnen, der wohl ein guter oder schlechter Nachbar sein kann, aber Nachbar ist auf jeden Fall«[23]. Nachbarschaft ist also eine soziale Beziehung, die maßgeblich aus der Ursache physischer Nähe sich begründet und aufrechterhalten wird. Die Träger der Nachbarposition sind auswechselbar, die personelle Zusammensetzung der Nachbargruppe ist diskontinuierlich im sozialen, kontinuierlich im räumlichen Sinn[24], oder, in der Sprache der Rollentheorie: Die soziale Position Nachbar wird mit dem Wohnsitz zugeschrieben und nicht erworben.
Diese Feststellung sagt noch nichts darüber aus, ob ein Nachbar

---

[23] Pfeil, E.: Nachbarkreis und Verkehrskreis in der Großstadt, in (88), S. 168.
[24] Ebenda, S. 159.

die mit seiner Position verbundenen Rollen auch aktualisiert und in welchem Maß er das tut. Er kann auch eine Auswahl unter diesen Rollen treffen oder das Rollenbündel erweitern, kann also seine Position weit oder eng interpretieren und kann sich mehr oder weniger rollenkonform verhalten.

Im Kriterium des Raumes liegt auch der diskriminatorische Wert der Definition: Es wird so möglich, Nachbarpositionen von nichtnachbarlichen zu unterscheiden, auch wenn die Intensität der Beziehungen annähernd gleich ist. Damit wird der zu wenig klare Begriff der »sozialen Nachbarschaft« vermieden und an seiner Stelle der des Verkehrskreises verwendet. Hierher gehören beispielsweise Beziehungen zu Verwandten. Auch wenn diese in unmittelbarer Nähe wohnen, nimmt man Kontakte zu ihnen doch nicht deswegen auf, sondern aus seiner Position als Verwandter. Das gilt im Prinzip ebenso für Freundschaftsbeziehungen, wenn auch die Unterscheidung sehr subtil werden kann und die Grenzen in der sozialen Wirklichkeit oft fließen. Sie werden in verschiedenen Gesellschaften auch unterschiedlich gezogen. So sagt *Bracey*, die Einladung eines Nachbarn zu eine Tasse Tee oder Kaffee signalisiere in England schon, daß man bereit sei, den Eingeladenen als Freund zu behandeln [25].

Verschiedentlich wird »Nachbar« auch als Begriff für eine soziale Rolle verwendet [26]. Der Unterschied ist definitorischer Natur, indem nämlich die Gesamtheit der an eine Position geknüpften Verhaltenserwartungen als die soziale Rolle definiert und die einzelnen Beziehungen, in denen solche Rollen aktualisiert werden, als Rollensegmente bezeichnet werden. Hier wurde der Begriff der Position gewählt, um klar herauszustellen, daß es sich bei »Nachbar« um ein Strukturelement, also um etwas relativ Statisches, handelt. An die Stelle des Rollensegmentes tritt entsprechend hier der Begriff der Rolle, und wenn die Gesamtheit der Rollen gemeint wird, geschieht das unter dem Begriff des Rollenbündels.

3.3.2 Nachbarposition und soziale Bezugsgruppen

Es ist schon angedeutet worden, daß die Menge der Positionen, die ein Mensch einnimmt, oder mit anderen Worten: die Zahl der Bezugsgruppen, an denen er sein Verhalten orientiert, sehr groß sein kann. Sie ist keineswegs für jeden gleich, sondern unterscheidet

---

[25] Bracey, H. E.: Neighbours, S. 107.
[26] So etwa bei Heberle, R.: Nachbarschaft, in (27), S. 731.

sich je nach der arbeitsteiligen Differenziertheit einer Gesellschaft, nach der sozialen Schicht, den Familienverhältnissen oder auch innerhalb eines Lebenslaufes. In einer wenig differenzierten Gesellschaft, zum Beispiel in einem Bergdorf, das nur über wenige Beziehungen zur Außenwelt verfügt, ist die Zahl der Positionen, die den Bewohnern zur Verfügung stehen, relativ klein. Jeder kennt die Positionen, die der andere einnimmt, auch wenn sie immer nur zum Teil aktualisiert werden. Daraus hat der Eindruck entstehen können, in solch »überschaubaren« Verhältnissen handle die gesamte Persönlichkeit, oder, wie die Großstadtkritik sagt: Das Verhalten sei am ganzen Menschen und nicht an einzelnen Zwecken orientiert. In rollenanalytischer Sicht zeigt sich aber, daß das ein Irrtum ist.

Im Gegensatz dazu ist die Positionenmenge, die dem einzelnen in einer Großstadt zur Verfügung steht, ungeheuer groß. Man tritt mit viel mehr Personen in Beziehung, hat entsprechend mehr verschiedene Verhaltenserwartungen zu berücksichtigen. Man tritt in viel weiter spezialisierten Positionen auf, und die Menschen, zu denen man Kontakte aufnimmt, sind nicht mehr in der Lage, die eigene Positionenmenge ganz zu überblicken. Die Zwecke, aus denen heraus man Beziehungen anknüpft, sind dem anderen klar, und da man nur aus ihnen miteinander kommuniziert, treten alle anderen Positionen notwendig in den Hintergrund. So entsteht die »Anonymität«, die für »städtisches Verhalten« charakteristisch ist.

Entsprechend dazu kann man auch sagen, daß zum Beispiel ein Pendler, der in einer kleinen Landgemeinde wohnt, aber in der Stadt arbeitet, um seinen Arbeitsplatz herum soziale Beziehungen anknüpft, wie sie in gleichem Umfang in seiner Wohngemeinde gar nicht möglich wären. Er erweitert also seine Positionenmenge, die so für andere Personen weniger übersichtlich wird, und so ändern sich auch die Muster, nach denen er sich in seinem Wohnbereich verhält.

Besonders augenfällig ist der Wandel der Positionenmenge im Lebenslauf. Während ein Säugling weitgehend auf Verwandtenpositionen und andere, die ihm von Geburt zugeschrieben werden, beschränkt ist, erwirbt sich schon das Kind vielfältige neue Positionen in der Spielgruppe, im Kindergarten, in der Schule etc. Es erlernt einen Beruf, gehört Vereinen an, heiratet, hat selbst wieder Kinder, legt gleichzeitig aber auch wieder bestimmte Positionen ab. Man kann kaum generell sagen, in welchem Alter der Kulminationspunkt erreicht wird. Sicher aber geht der Umfang der Positionenmenge wieder zurück, sobald die Kinder den Haushalt verlassen, wenn man die Berufstätigkeit aufgibt und wenn der Ehepartner stirbt. So entstehen die vielfältigen sozialen Probleme des Alterns, Vereinsamung, Kon-

taktschwierigkeiten, Versorgungsprobleme etc., immer auch aus sozialen Bedingungen heraus.
Ähnliches läßt sich auch für die verschiedenen familiären Positionen sagen. Die nicht berufstätige Hausfrau kann nur eine geringe Zahl von Positionen erwerben, vor allem dann, wenn sie noch über nichtschulpflichtige Kinder zu wachen hat. Dagegen ist die Positionenmenge ihres Mannes viel größer, sie kann selbst von der Frau, die ja oft nur über verbale Informationen verfügt, nicht mehr überblickt werden. So entstehen nicht nur die Probleme der »grünen Witwen«, der Frauen also, die in ihren Kontakten auf Nachbarinnen und Kinder festgelegt sind; es kann daraus auch zu schweren familiären Konflikten und zu psychischen Störungen kommen.
Die Größe der Positionenmenge hängt auch mit der sozialen Schicht zusammen. Im allgemeinen wird man sagen können, daß die wichtigsten Indikatoren für die Schichtzugehörigkeit, also Einkommen, Bildung und berufliche Stellung, positiv mit der Positionenmenge korrelieren. Wer über ein hohes Einkommen verfügt, kann damit vielfältige Interessen verfolgen und ist beweglich, also nicht auf den räumlichen Umkreis von Wohn- und Arbeitsplatz beschränkt. Eine gute Ausbildung führt in der Regel zu einer großen Vielfalt der Interessen und zu höherem Einkommen, und mit einer höheren beruflichen Stellung, die ja ebenfalls mit Einkommen und Bildung zusammenhängt, sind vielfältigere Kontakte mit verschiedensten Positionsträgern verbunden.
Nun sind aber nicht alle Positionen innerhalb einer Positionenmenge gleichwertig, das heißt, die Menge ist strukturiert. Solche Bewertungen werden durch soziale Normen in eine Hierarchie gebracht, durch die die Gestaltung des individuellen Positionenhaushaltes wesentlich mit beeinflußt wird. Den Wert, den eine Position in dieser Hierarchie einnimmt, bezeichnet man als Status.
In einer Gesellschaft, die Positionen mit hohem Status regelmäßig auch mit hohem Einkommen verbindet, wird man annehmen können, daß Veränderungen des Status nach oben allgemein als erstrebenswerter als solche nach unten angesehen werden. Das gilt für unsere Gesellschaft nicht durchgehend, wohl aber der Tendenz nach, so daß die Vereinfachung nicht zu schwerwiegenden Fehlschlüssen führen dürfte. Positionen, die auf irgendeine Art mit dem Erwerb von Einkommen zusammenhängen, werden folglich höher bewertet werden als solche, bei denen dieser Zusammenhang nicht besteht.
Zweifellos besteht für viele Positionen ein gewisser Spielraum, innerhalb dessen sie individuell gewichtet werden können. So kann man Individualität verstehen aus der charakteristischen Weise, in der ein Mensch seinen Positionenhaushalt organisiert, in der er also Akzente setzt, und zudem aus der typischen Auswahl unter der

großen Zahl der in einer Gesellschaft verfügbaren Positionen, deren mannigfache Kombinationsmöglichkeiten Individualität sichern. Die gesellschaftliche Bestimmtheit macht aus dem Menschen nicht einen anonymen Automaten, im Gegenteil: Individualität ist erst auf dem Hintergrund gesellschaftlicher Differenzierung denkbar. Welche Bedeutung haben diese Ausführungen für die Nachbarposition? Sie ist offenbar nicht auf den Erwerb von Einkommen ausgerichtet, sondern hat eine ökonomische Funktion nur in dem weiteren Sinne der Nothilfe. Deshalb darf man vermuten, sie nehme in der Statushierarchie einen relativ niedrigen Platz ein. Eine solche Position wird aber im Positionenhaushalt tendenziell um so weniger wichtig, je größer die Positionenmenge ist. Empirische Befunde, aus denen sich diese Hypothese begründen läßt, werden noch anzuführen sein.

3.3.3 Rollenverhalten

3.3.3.1 Der Charakter der Verhaltenserwartungen

Da Nachbarschaft von einer räumlichen Konstellation und nicht von persönlichen Verhältnissen her definiert ist, erscheint es nur als konsequent, wenn die damit verknüpften Normen grundsätzlich unabhängig von Sympathie oder Antipathie gelten [27]. Es wird sich allerdings noch zeigen, daß damit nicht gesagt ist, daß nachbarschaftliche Beziehungen zu jedem angeknüpft würden, sofern er bloß die Bedingung des Nahewohnens erfüllt. Tatsächlich gilt die oben angeführte Aussage wohl nur unter Bedingungen, in denen Nachbarn existentiell voneinander abhängig sind. Das sind in unserer Gesellschaft, zumal in der städtischen, Ausnahmefälle, hat sich doch schon gezeigt, daß viele solcher Risiken von der Nachbarschaft abgelöst und anonymen Trägern überantwortet worden sind. Wesentliche Funktionen sind von dem übernommen worden, was *Atteslander* sehr weit unter den Begriff der Infrastruktur faßt [28], also beispielsweise durch Krankenhäuser, Versicherungen, Schulen, Kommunikationsmittel etc. (der Infrastrukturbegriff der Raumplanung ist präziser, da er unterscheidet zwischen Basiserschließung: Verkehrsanlagen und Ver- und Entsorgungssystemen einerseits und Ausrüstung: Geschäften, Schulen, Krankenhäusern etc., jedenfalls immer Einrichtungen, die im oder auf dem Boden dauerhaft verankert sind, andererseits). Nachbarschaft wird so zu einer subsidiären

---

[27] Ebenda, S. 731.
[28] Atteslander, P.: Der Mensch als Nutznießer der Infrastruktur, S. 7.

Institution, die erst wirksam wird, wenn die anderen Mittel der Nothilfe nicht genügen oder versagen.
Mit diesem Wandel im »Unterbau« sind offenbar auch Veränderungen im Bewußtsein vor sich gegangen. Das Individuum beansprucht nun einen Autonomiebereich, wie er dem mehr typisierenden Denken der vorindustriellen Epochen fremd war. Die soziale Identität wird im System der Wettbewerbswirtschaft primär aus der Konkurrenz zu anderen gewonnen, und als wichtigstes Kriterium fungiert dabei der Besitz [29].
Nachbarliches Verhalten in den »kleinen Kontakten des Alltags« ist in der Intensität durch Sitte, in seiner formellen Ausgestaltung durch Konvention bestimmt. »Neben den meist bejahten ritualisierten Verhaltensweisen (...) gibt es verschiedene eingeübte Regeln, die der Vermeidung von Intimitäten dienen.«[30] Sie sollen vor allem ein möglichst konfliktfreies Zusammenleben ermöglichen.
Nur in ausgesprochenen Katastrophenfällen, beim Ausbruch von Feuer, bei Überschwemmungen etc., sind die Verhaltenserwartungen noch gesetzlich geregelt: »Wer bei Unglücksfällen oder gemeiner Gefahr oder Not nicht Hilfe leistet, obwohl dies erforderlich und ihm den Umständen nach zuzumuten, insbesondere ohne erhebliche eigene Gefahr und ohne Verletzung anderer wichtiger Pflichten möglich ist, wird mit Gefängnis bis zu einem Jahr oder mit Geldstrafe bestraft.«[31] Daneben sind im zivilen Nachbarrecht nur einige, Eigentumsstreitigkeiten betreffende Normen formal geregelt.
Von der überwiegenden Zahl der in den Nachbarschaftsbeziehungen relevanten Verhaltenserwartungen kann man indes sagen, daß sie nur mit einem relativ geringen Grad von Verbindlichkeit ausgestattet sind.
Anzuführen wäre noch, daß neben den Kann- und den Muß-Erwartungen in den Hausordnungen von Miethäusern immer häufiger auch Soll-Erwartungen formuliert werden. Sie betreffen Rechte und Pflichten, die für alle Mietparteien gleichermaßen gelten, und werden meist als Bestandteil des Mietvertrages aufgefaßt. Ihre Verletzung kann sowohl von den anderen Mietern wie vom Vermieter sanktioniert werden, wird aber im allgemeinen nicht gerichtlich verfolgt. Sanktionen für die Verletzung von Kann-Erwartungen können demgegenüber nur von den Nachbarn selbst ergriffen werden.

---

[29] Berndt, H.: Verlust von Urbanität im Städtebau, S. 282.
[30] Bahrdt, H. P.: Humaner Städtebau, S. 104.
[31] Strafgesetzbuch der BRD, § 330 c.

3.3.3.2 Die wichtigsten Nachbarrollen

Die Rolle des Nothelfers

Unter diesen Titel sollen alle Formen der Nachbarschaftsbeziehung subsumiert werden, die sich aus ökonomischen Motiven im weitesten Sinn verstehen lassen. Auf die Bedeutung dieses Aspektes ist schon verschiedentlich hingewiesen worden; sie wird auch im empirischen Material vielfältig bestätigt. »Der Nachbar ist der Nothelfer par excellence«, so stellt *E. Pfeil* fest [32], und an einem anderen Ort: »Nachbarschaft muß immer funktional gesehen werden: Nur wo man auf den Nachbarn angewiesen ist, macht man von ihm als Nachbarn Gebrauch.« [33]

Vom Nachbarn erwartet man Hilfe in Notsituationen, die aus alltäglichen Haushaltsproblemen (Ausleihe), zyklisch auftretenden Problemen wie Ernte oder Hausbau oder aus Katastrophen entstehen können [34]. Die Bitte um Hilfe kann also mehr oder weniger anspruchsvolle Leistungen vom Nachbarn verlangen. Man kann dabei grob unterscheiden zwischen Ausleihe und Bittarbeit.

Um Ausleihe wird gebeten, wenn ein aktueller Mangel auftritt, wenn also bestimmte Gegenstände nicht vorhanden sind und nicht binnen kurzer Frist anderweitig beschafft werden können. Die Bitte enthält dabei immer auch ein Eingeständnis des Mangels und wird daher im allgemeinen nur an solche Nachbarn gerichtet, bei denen man damit rechnen kann, daß eine ähnliche Mangelsituation auch bei ihnen auftreten kann [35]. Damit kann die Gegenseitigkeit der Hilfe gewährleistet werden, und man verpflichtet sich zu nichts. Die Objekte der Ausleihe sind vielfältig: Haushaltsgegenstände, Nahrungsmittel, Gartengeräte oder – in Ausnahmefällen – auch Geld. Es scheint, daß die Frage, was jeweils als Leihobjekt zugelassen sei, recht verschieden beantwortet werden kann. Das Borgen von Geld ist meist verpönt und setzt offenbar ein schon freundschaftliches Verhältnis der Nachbarn voraus. In England, so berichtet *Bracey*, werden Gartengeräte selbstverständlich ausgeliehen, dagegen ist man viel zurückhaltender bei Haushaltsgegenständen. Die amerikanische Hausfrau kennt den »Laden an der Ecke« meist nicht; sie besorgt ihre Einkäufe nur einmal in der Woche mit dem Auto, und wenn

---

[32] Pfeil, E.: Nachbarkreis und Verkehrskreis in der Großstadt, in (88), S. 165.
[33] Pfeil, E.: Zur Kritik der Nachbarschaftsidee, S. 49.
[34] Keller, S.: The Urban Neighborhood, S. 30 f.
[35] Pfeil, E.: Nachbarkreis und Verkehrskreis in der Großstadt, in (88), S. 190 f.

ihr irgend etwas fehlt, kann sie leicht in Schwierigkeiten kommen. Dem entspricht die große Bereitwilligkeit, solche Dinge auszuleihen [36]. Viele Ähnlichkeiten mit dem Leihverhalten weisen die Formen nachbarlicher Hilfe durch Arbeitsleistung auf. Besonders wird darauf geachtet, daß die Regeln der Gegenseitigkeit und der Gleichwertigkeit der Leistung nicht verletzt werden. Das gilt für die Nachbarhilfe in bäuerlichen Verhältnissen ebenso wie für die Formen, die in der Stadt auftreten. »Nachbarhilfe durch Arbeitsleistung (= ›Bittarbeit‹) kommt im städtischen Miethaus in der Form vor, daß etwas vom Kaufmann mitgebracht wird, daß wechselweise die eine oder die andere Mutter die Kinder zum Kindergarten bringt, der Vater die Kinder im Wagen zur Schule mitnimmt und abholt (...), daß das Kind der Nachbarin gehütet wird, während bei großstädtischen Gartenbesitzern auch einmal einer alleinstehenden Frau bei schwerer Gartenarbeit geholfen wird, wogegen sie dann um so bereitwilliger ihren Gartenmäher ausleiht.« [37]

Auch im Krankheitsfall kann Hilfe notwendig werden. Sie wird meist bereitwillig und unterschiedlos geleistet [38] und wird in Befragungen auch leichter zugegeben als die Ausleihe, weil mit ihr eben kein Eingeständnis eines Mangels verbunden ist [39]. *Klages* fand auch, daß die Nachbarn entgegen der landläufigen Vorstellung vom großstädtischen Miethaus, in dem Leute erkranken oder sterben können, ohne daß davon Notiz genommen würde, durchaus informiert waren über alles, was im Haus vorgeht. Das gilt besonders auch im Todesfall, wie *E. Pfeil* berichtet. Die Anteilnahme der Nachbarn scheint durchgehend erwartet zu werden, und man demonstriert sie auch durch Kranzspenden oder Mitgehen zum Begräbnis [40]. In ländlichen Verhältnissen gehen die Verpflichtungen der Nachbarn oft noch weiter: sie wirken als Träger, bei der Aufbahrung und der Totenwache mit und sind Gäste beim Trauermahl [41].

»Zum Wesen der Nachbarhilfe gehört, daß sie auf Gegenseitigkeit beruht. Mit der Abgeltung in bar träte eine vom Nachbarn geleistete

---

[36] Bracey, H. E.: Neighbours, S. 85.
[37] Pfeil, E.: Nachbarkreis und Verkehrskreis in der Großstadt, in (88), S. 191.
[38] Klages, H.: Der Nachbarschaftsgedanke und die nachbarliche Wirklichkeit in der Großstadt, S. 124.
[39] Pfeil, E.: Nachbarkreis und Verkehrskreis in der Großstadt, in (88), S. 193.
[40] Ebenda, S. 196.
[41] Wurzbacher, G.: Das Dorf im Spannungsfeld industrieller Entwicklung, S. 117.

Hilfe aus dem Nachbarschaftsverhältnis heraus, sie kann dann genausogut von jemand anderem geleistet werden, nur zufällig ist der Leistende der Nachbar, und nicht als Nachbar gewährt er sie.«[42] Von dieser Regel gibt es nur wenige Ausnahmen, so zum Beispiel, wenn die Kinder von Nachbarn als Babysitter bevorzugt werden und dafür ein gewisses Entgelt erhalten[43].
Von den Formen der organisierten Nachbarschaft, wie sie durch die Übernahme gemeinsamer Aufgaben mit Dauercharakter wie Wegebau und -unterhalt entstehen[44], soll hier nicht die Rede sein. Sobald eine Organisation mit Statuten entsteht, geht sie über die Nachbarschaftsbeziehung hinaus und nähert sich in ihrem Charakter dem jener anonymen Risikoträger, die tendenziell die Nothilfefunktion des Nachbarn substituieren.

Die Rolle des Sozialisationsagenten

Neben die Rolle des Nothelfers treten regelmäßig noch weitere, deren sich die Nachbarn regelmäßig nicht, die Beobachter nachbarlichen Verhaltens nur selten bewußt sind. Ein wichtiger sozialer Prozeß, der sich zu großen Teilen innerhalb der Nachbarschaft abspielt, ist die *Sozialisation*. Darunter wird hier der Vorgang verstanden, durch den sich der Sozialisand die spezifischen Normen und Verhaltensmuster des Sozialisators aneignet und zu einem Teil seiner eigenen Persönlichkeit macht. Der Sozialisator tritt dabei in seinen verschiedenen sozialen Positionen auf, handelt also quasi als Vertreter seiner Bezugsgruppen, und man spricht deshalb vom Sozialisationsagenten. Im Sozialisationsprozeß werden nicht nur dem Sozialisanden neue Positionen vermittelt, auch der Sozialisator tritt in eine neue Bezugsgruppe ein, erwirbt also eine neue Position und neue Rollen.
Auf die Nachbarschaft bezogen lassen sich dabei zwei Phänomene unterscheiden, die in der Literatur mit sehr verschiedenen Begriffen belegt werden: die Kindheitssozialisation, in der der Mensch zum ersten Mal außerhalb seiner Familie die Erfahrung der Gesellschaft macht; und zweitens das, was mit den wenig exakt umschriebenen Begriffen Integration, Assimilation, Anpassung oder sekundäre

---

[42] Pfeil, E.: Nachbarkreis und Verkehrskreis in der Großstadt, in (88), S. 166.
[43] Bracey, H. E.: Neighbours, S. 121, für die USA; wird auch im deutschen Sprachraum immer häufiger beobachtet.
[44] Pfeil, E.: Nachbarkreis und Verkehrskreis in der Großstadt, in (88), S. 166.

Sozialisation gemeint ist, also die Angleichung der Normen und Verhaltensweisen von Zuzüglern an die der Nachbarschaft.
R. König meint, es sei »für den konkreten Menschen noch immer so, daß ihm gesellschaftliches Leben außerhalb der Familie zuerst an der näheren Nachbarschaft, dann in der Gemeinde zum anschaulichen Erlebnis« werde [45]. Dieser Gedanke ist in der angelsächsischen Literatur seit der bedeutenden Arbeit von *S. Riemer* »The Modern City« [46] immer wieder anzutreffen. In Deutschland hat ihn *H. P. Bahrdt* aufgenommen; er meint, die Nachbarschaft habe für Kinder im Alter von ungefähr drei bis zu etwa sechs Jahren eine besondere Bedeutung: »In diesem Alter erobert das Kind schrittweise die räumliche und soziale Umwelt jenseits der Familie, d. h. vor allem die unmittelbare Umgebung der elterlichen Wohnung, und nimmt rasch Kontakte zu Nachbarkindern auf. (...) Eine Zeitlang ist die Nachbarschaft als räumliche und soziale Umwelt die Außenwelt schlechthin.« [47]
Am breitesten und anschaulichsten hat *P. H. Mann* über die Bedeutung der Nachbarschaft im biographischen Ablauf geschrieben. Die für die Kindheitssozialisation wichtigen Passagen seines Buches sollen hier kurz zusammengefaßt werden: Solange das Kind in seiner Reichweite auf den Kinderwagen beschränkt ist, ist Nachbarschaft für es völlig irrelevant. Sobald es aber mobiler wird und erste soziale Kontakte selbständig anknüpft, wird sie zu seiner erlebbaren Umwelt. Seine Beziehungen im frühen Kindesalter sind offenbar weitgehend determiniert durch die physische Nähe zur elterlichen Wohnung. Kinder aus der unmittelbaren Umgebung sind bevorzugte Spielkameraden, weil sie leicht erreichbar sind und weil die Mütter wissen können, wo ihre Kinder sich aufhalten. Erst wenn sie beginnen, sich verschiedener Hilfsmittel zur Fortbewegung zu bedienen (Tretroller, Dreirad), wird das Trottoir zu einem Kommunikationskanal, an dem die Kinder ihren Aktionsradius ständig erweitern. Im Vorschulalter pflegen jedoch ihre Kontakte nicht über Straßenecken hinaus zu reichen. Mit der täglichen Reise zur Schule erst wird der Bezugshorizont wesentlich erweitert; zwar hat das Kind schon mehrmals bei Einkäufen oder Besuchen bei Freunden und Verwandten die Nachbarschaft verlassen, aber der Schulweg erst ist seine eigene, seine persönliche Reise statt die Reise seiner Eltern. Allerdings spielt auch hier die Nachbarschaft noch eine Rolle: Die Kinder besuchen im allgemeinen die nächstgelegene Grundschule und machen dann ihren Schulweg gemeinsam mit Nachbarkindern, mit denen sie auch

---

[45] König, R.: Grundformen der Gesellschaft: die Gemeinde, S. 45.
[46] Riemer, S.: The Modern City, S. 174.
[47] Bahrdt, H. P.: Humaner Städtebau, S. 110.

einen großen Teil ihrer Freizeit verbringen [48]. Rollenanalytisch bedeutet das, daß die Position Nachbar eine der ersten ist, die ein Mensch übernimmt; mit der Erweiterung der Positionenmenge vergrößert sich aber auch das räumliche Aktionsfeld, und die Nachbarposition verliert tendenziell an Bedeutung.
Mit der Beschreibung von *Mann* ist allerdings noch nicht gesagt, daß mit der großen Bedeutung der Nachbarschaft für das Kind auch eine Sozialisationsfunktion verbunden sei. Als wichtigste Sozialisationsagentur gegenüber dem Kind wirkt die Familie, sie ist formal mit der Erfüllung dieser Aufgaben betraut. Nachbarn übernehmen diese Position nicht nach formalen Regeln, sie können aber zu Subagenturen einer Familie werden, wenn diese ihnen bestimmte Aufgaben und Kompetenzen überträgt. Das geschieht zum Beispiel dann, wenn das Kind in der Wohnung oder auf dem Grundstück der Nachbarn mit deren Kindern spielt und wenn es damit der Kontrolle der Eltern entzogen wird. Es spielt dabei keine Rolle, ob der Sozialisationsauftrag formell gegeben oder stillschweigend impliziert wird. Dabei können auch Konflikte auftreten, da die Positionenmenge der Nachbarn praktisch nie mit der der Eltern identisch sein wird. Nachbarn und Eltern wirken folglich als Agenten verschiedener Bezugsgruppen, und als solche werden sie versuchen, solche Denk- und Verhaltensweisen durchzusetzen, die ihnen aus ihrer spezifischen Positionenmenge heraus als die richtigen erscheinen.
Solange der Nachbar mit einem Kind in einen manifesten Interaktionszusammenhang eintritt, kann man von ihm als von einem formalen Sozialisationsagenten sprechen. Wenn es richtig ist, daß eine Zeitlang »die Nachbarschaft als räumliche und soziale Umwelt die Außenwelt schlechthin« ist, dann wird das Kind nur einer begrenzten Zahl von Personen, deren Wohnung eben in räumlicher Nähe liegt, regelmäßig begegnen. Selbst wenn es dabei nicht zu manifesten Interaktionen kommt, wenn also nur passive Kontakte entstehen, indem man sich sieht und erkennt, werden Sozialisationsfaktoren wirksam. Das Verhalten des Nachbarn wird als demonstrativ begriffen und vom Kind internalisiert. Damit wird die Voraussetzung geschaffen, daß es entsprechende Verhaltenserwartungen gegenüber Nachbarn entwickeln und sich, sobald es seine eigene Nachbarposition als solche begreift, auch rollenkonform benehmen kann. Das gilt nicht nur für das zu beobachtende Verhalten von Nachbarn, sondern auch für die Symbole, mit denen sie ihre Zugehörigkeit zu bestimmten Bezugsgruppen dokumentieren. Auch solche Statussymbole werden ja als Elemente der sozialen Umwelt vom Kind ver-

---

[48] Mann, P. H.: An Approach to Urban Sociology, S. 155 ff.

standen und internalisiert, und an ihnen wird es allmählich lernen, den Status seiner Eltern zu messen und einzuordnen. Was bedeutet es nun, wenn eine Nachbarschaft sozial homogen strukturiert ist, wenn also die Positionenmenge der Nachbarn vor allem in den oberen Rängen der Statushierarchie weitgehend übereinstimmen? Dann ist die Wahrscheinlichkeit groß, daß das nachbarliche Verhalten von ganz ähnlichen Erwartungen geprägt ist, daß also die Normen eindeutig definiert sind. Der Konformitätsdruck wird relativ stark und die soziale Kontrolle ziemlich rigide sein. Unterscheiden sich andererseits die Positionenmengen der Nachbarn in Quantität und Qualität sehr stark, so werden die Verhaltenserwartungen sehr verschieden, der Konformitätsdruck gering und die soziale Kontrolle nur minimal sein. Unter dem Sozialisationsaspekt ist diese Folgerung recht wichtig: In extrem heterogenen Nachbarschaften können Verhaltensunsicherheiten und Unsicherheiten über die Gültigkeit sozialer Normen auftreten, die zu erheblichen sozialen und psychischen Schäden führen können. Dagegen können sich in homogenen Nachbarschaften Normen und Verhaltensmuster so verfestigen, daß der Erwerb neuer Positionen zum Beispiel durch soziale Mobilität erschwert wird. *McKay* meint denn auch, »die Nachbarschaft möbliere die Szenerie, in der das Kind entweder für konventionelles oder verbrecherisches Verhalten«[49], je nach der Konstanz der dort vorherrschenden Normen, erzogen wird.

Der Begriff der *Integration* (oder auch Assimilation, was oft synonym gebraucht wird) stammt aus der funktionalistischen Theorie und meint dort einen Zustand, in dem das reibungslose Funktionieren des sozialen Systems gewährleistet ist. Dabei wird meist übersehen, daß es sich um einen dynamischen Vorgang handelt und daß mit der angestrebten Vermeidung von Konflikten soziale Stabilität von vornherein und unkritisch als positiver Wert eingeführt wird. Allerdings ist der Integrationsbegriff auch außerhalb der wissenschaftlichen Fachsprache so verbreitet, daß es aussichtslos erscheint, ihn durch einen neuen ersetzen zu wollen. Es scheint sinnvoller, ihn für den Zweck der vorliegenden Analyse so zu umschreiben, daß keine schwerwiegenden Mißverständnisse mehr auftreten. Das ist insofern geschehen, als er unter den Oberbegriff der Sozialisation subsumiert wurde.

Worin unterscheiden sich nun Kindheitssozialisation und Integration im Beziehungsfeld Nachbarschaft? Kindheitssozialisation ist als ein Prozeß aufgefaßt worden, in dem einem Menschen neue soziale Positionen vermittelt werden, in dem sich also die Positionenmenge erweitert. Nicht so die Integration: Ein Zuzügler war ja bereits Nach-

---

[49] McKay, H.: The Neighborhood and Child Conduct, in (74), S. 825.

bar, bevor er seinen Wohnsitz wechselte. Er kommt mit ganz bestimmten Verhaltenserwartungen in eine neue soziale Umwelt und wird mit Normen konfrontiert, die ihm mehr oder weniger fremd sind. Es handelt sich beim Integrationsprozeß nicht primär um einen Vorgang der Erweiterung einer Positionenmenge, sondern um einen solchen der Veränderung von Rollenerwartungen und Handlungsweisen.

Je nach dem, ob sich die Normen des Zuzüglers von denen der neuen Nachbargruppe mehr oder weniger stark unterscheiden, wird ein unterschiedlich heftiger Konflikt am Anfang der Integration stehen. Er wird heftig sein, wenn Personen mit qualitativ und quantitativ sehr unterschiedlichen Positionenmengen aufeinander treffen, wenn also zum Beispiel jemand von einem weitgehend isolierten kleinen Bergdorf direkt in die Stadt zieht. Er wird sich nicht von Anfang an der Distanznorm seiner städtischen Nachbarn entsprechend verhalten können, da die Nachbarposition in seinem beschränkten Positionenhaushalt relativ bedeutend war. Er ist daran gewöhnt, seine Nachbarn recht genau zu kennen, also ihre Positionenmenge überblicken zu können, und er wird versuchen, sich die dazu notwendigen Informationen auch in der neuen Nachbarschaft zu beschaffen. Der Großstädter aber, dessen Verhalten gerade durch den fehlenden Einblick in seine Positionenmenge bestimmt wird, muß das als ungerechtfertigten Eingriff in seine Persönlichkeitssphäre auffassen, den er keineswegs zu dulden hat. Will der Zuzügler negative Sanktionen vermeiden, so wird er sich möglichst rasch mit den in seiner neuen Umgebung geltenden Verhaltenserwartungen vertraut machen und damit seine Position als Nachbar aus anderen sozialen Rollen interpretieren müssen. Handelt es sich aber um eine relativ große Zahl von Zuzüglern, so wenn zum Beispiel in einer Agglomerationsgemeinde eine Großüberbauung entsteht, deren Bewohner sich aus städtischen Sanierungsgebieten rekrutieren, so können die Verhaltenserwartungen der Zuzügler, die ja als ganze Gruppe auftreten, unter Umständen gewichtiger werden als die der Ansässigen. Wenn die neue Überbauung infrastrukturell von der bestehenden Gemeinde unabhängig ist, wenn also die notwendigen Folgeeinrichtungen mit eingeplant sind, so wird die Zuzüglergruppe von den Ansässigen zunächst isoliert werden. Ist das aber nicht der Fall, so entstehen vielfältige Kontakte zwischen Zuzüglern und Ansässigen, und letztere werden vermutlich ihre Verhaltenserwartungen modifizieren.

Es zeigt sich damit, daß Integrationsvorgänge und geographische Mobilität eng miteinander verbunden sind. Da in unserer Gesellschaft Wanderungen von ländlichen in städtische Siedlungen vorherrschen, ist es legitim, den Vorgang der »Verstädterung« eingehender zu betrachten. In der Terminologie, die *Atteslander* vorgeschlagen hat, soll also hier primär von »aktiver Verstädterung« die Rede sein: »Von aktiver Verstädterung würden wir dann sprechen, wenn der einzelne Mensch im Verlaufe der Migration in die Stadt (...) sich in eine ihm wesentlich neue und ungewohnte Umgebung begibt, an deren Normen er sich aktiv anpassen muß, um überleben zu können. (...) Passive Verstädterung liegt vor, wo eine ganze Gruppe von Menschen, sei es die Bevölkerung einer Gegend, einer Gemeinde, sei es ein Berufsstand oder eine soziale Schicht u. a. m., gemeinsam eine Veränderung der allgemeinen Lebensweise durchmacht.«[50] *Atteslander* spricht dabei vom »Verlauf der Migration in die Stadt« und weist darauf hin, daß es sich oftmals um sehr komplexe Prozesse handelt. Er unterscheidet daher auch drei Migrationstypen: Direktwanderer, Etappenwanderer und Fluktuationswanderer[51]. *Pfeil* betont, daß am häufigsten der Typ der Etappenwanderer auftrete und daß sich dieser Prozeß oftmals über mehrere Generationen hinweg erstrecke[52]. Die Wanderung folgt hier in ihren Stationen dem Kontinuum zwischen kleinem Dorf und Großstadt: Größeres Dorf, Kleinstadt, Mittelstadt sind im idealtypischen Fall die Punkte, an denen eine mehr oder weniger lange Unterbrechung erfolgt. Daraus entsteht die Möglichkeit für den Wanderer, sich langsam die in der jeweils neuen Umgebung verlangten Verhaltensmuster anzueignen, und er vermeidet durch diesen stufenweisen Sozialisationsprozeß schwerwiegende Verhaltensunsicherheiten und scharfe Sanktionen, wie sie beim Direktwanderer regelmäßig auftreten. Damit, daß immer versucht wird, den Menschen aus seiner ganzen Positionenmenge heraus zu verstehen, ist auch gesagt, daß die Verhaltensweisen an dem Ort, an dem die Wanderung jeweils beginnt, und die am Zielort vorherrschenden nur zwei Variablen unter anderen sind. Andere Faktoren sogenannte intervenierende Variablen, spielen hier mit, wie zum Beispiel Bildung, Einkommen, berufliche Stellung, Alter, Familienstand etc., und sie können den Integrationsprozeß erleichtern oder komplizieren.

Verhaltensunsicherheiten wirken sich oft dahingehend aus, daß vom Zuzügler die bei der Zielgruppe vermuteten Normen überbetont werden. Beispiele dafür finden sich bei *Klages*[53] und bei *Wurzbacher*[54], die beide fanden, daß Zuzügler die Distanznorm eher

---

[50] Atteslander, P.: Probleme der sozialen Anpassung, S. 14 f.
[51] Ebenda, S. 21 ff.
[52] Pfeil, E.: Großstadtforschung, S. 152 f.
[53] Klages, H.: Der Nachbarschaftsgedanke und die nachbarliche Wirklichkeit in der Großstadt, S. 126.
[54] Wurzbacher, G.: Das Dorf im Spannungsfeld industrieller Entwicklung, S. 116.

wichtiger nahmen als andere Gruppen. Die Phase der Unsicherheit wird allerdings meist abgelöst von einer Phase »positiver Anpassung«, in der der Zuzügler sich immer mehr konform zu den Verhaltenserwartungen der Ansässigen verhält und entsprechend immer deutlicher von diesen akzeptiert wird: »Vorübergehende Nichtanpassung schließt im Gegensatz zur Fehlanpassung eine spätere Anpassung keineswegs aus, ja, sie kann sogar in manchen Fällen als eigentliche Vorstufe für die positive Anpassung angesehen werden.«[55] Die Dauer der Unsicherheitsphase, die oftmals durch häufigen Wechsel von Wohnung und/oder Beruf manifest wird[56], hängt vom Anpassungsdruck einerseits und von der Anpassungsbereitschaft andererseits ab. Auf die Bedeutung von intervenierenden Variablen ist bereits hingewiesen worden; ein überprüfter Katalog der Einflußfaktoren existiert indes bis heute nicht.

Die Rolle des Kommunikationspartners

Eine Rolle des Nachbarn erscheint so trivial, daß sie nur selten erwähnt wird: die des Kommunikationspartners. Sie wird für Personen bedeutsam, die stark an ihre Wohnung gebunden sind und die relativ wenigen Bezugsgruppen angehören, vor allem also für Kinder im Vorschulalter und für nicht berufstätige Hausfrauen. Man denke etwa an Vorstadtsiedlungen, die relativ schlecht erschlossen sind, aber die wichtigsten Einrichtungen für den alltäglichen Bedarf enthalten. Dort besteht jedenfalls keine dringende Notwendigkeit, den näheren Bereich der Wohnung zu verlassen, und der Zugang zur Stadt und ihrem vielfältigen Angebot an verschiedensten Dienstleistungen ist erschwert.
Wenn die Hausfrau nicht aus finanziellen Gründen gezwungen ist, einer Erwerbstätigkeit nachzugehen und die Wohnungen nur einigermaßen komfortabel ausgestattet sind, bleibt ihr relativ viel freie Zeit in einer Umgebung, die ihr nur eine sehr begrenzte Zahl und Vielfalt von sozialen Kontakten erlaubt. Das gilt vor allem dann, wenn sie ihre Kinder zu versorgen und zu überwachen hat. Das so entstehende Kommunikationsbedürfnis kann, losgelöst von den Nachbarrollen des Nothelfers und des Sozialisationsagenten, zu einem Zweck in sich selbst werden, und die Nachbarschaft damit zu einem Interaktionsbereich von großer Bedeutung. Diese wird so auch räumlich ausgedehnt.
Diese Situation wird man häufig in neuen Siedlungen mit einer

---

[55] Atteslander, P.: Probleme der sozialen Anpassung, S. 34.
[56] Ebenda, S. 33.

relativ homogenen Wohnbevölkerung antreffen, nicht unbedingt aber in Unterschichtquartieren, da die Frauen hier oft mitverdienen müssen. Auch dort, wo Angestellte den Haushalt versorgen und sich um die Kinder kümmern können, wird das Problem als weniger drückend empfunden werden, bleiben doch der Hausfrau, besonders wenn sie motorisiert ist, genügend Ausweichmöglichkeiten.
Klages hat solche Situationen in seiner Untersuchung angetroffen. Er bestätigt die Vermutung, daß von häufigen Gesprächskontakten unter Nachbarinnen ein Konformitätsdruck ausgeht: »Die Gespräche erweisen sich als vorwiegend konsumorientiert. (...) Was sich dazu sagen läßt, ist, daß es offensichtlich ein weitverbreitetes, das Konsumverhalten beeinflußendes und relativ einheitliches Leitbild vom richtigen Lebensstandard der ›kleinen Leute‹ gibt, das auf Grund seiner Fixiertheit an ein bestimmtes Niveau keine Statusskala ermöglicht, sondern einen Konformitätsdruck ausübt.«[57]
Der Versuch, dem Konformitätsdruck auszuweichen, scheitert meist an der minimalen Auswahl der Personen, die für Kontakte noch in Frage kommen. So liegt es nahe, sich in die eigene Wohnung zurückzuziehen und sich damit von den Nachbarn zu isolieren. Die sichernde Funktion der Gesprächskontakte geht damit verloren, und die Wahrscheinlichkeit pathologischer Reaktionen nimmt zu.

Die Durchsetzung rollenkonformen Verhaltens

Die verschiedenen Rollen des Nachbarn sind aus komplementären Verhaltenserwartungen definiert, und man muß sich nun fragen, durch welche Mittel ein Verhalten durchgesetzt wird, das diesen Normen entspricht. Dieser soziale Mechanismus kann im Anschluß an eine Definition, die *J. S. Roucek* referiert hat, umschrieben werden: »Soziale Kontrolle ist eine zusammenfassende Bezeichnung für die geplanten und ungeplanten Prozesse und Institutionen, durch welche die Individuen gelehrt, überzeugt oder gezwungen werden, sich in Übereinstimmung mit den Gebräuchen und entscheidenden Werten derjenigen Gruppen zu verhalten, denen sie angehören.«[58]
Die Mittel, die dafür zur Verfügung stehen, werden als positive (Gratifikationen) oder negative Sanktionen bezeichnet.
Die Verhaltenserwartungen, die durchgesetzt werden sollen, haben unterschiedlich formalisierten Charakter: Es ist von Muß-, Soll- und

---

[57] Klages, H.: Der Nachbarschaftsgedanke und die nachbarliche Wirklichkeit in der Großstadt, S. 136 f.
[58] Roucek, J. S.: Entwicklung und Stand der Lehre von der sozialen Kontrolle in der amerikanischen Soziologie, S. 461.

Kann-Erwartungen gesprochen worden. Analog dazu unterscheidet sich auch der Charakter der Sanktionen, die rechtsverbindlich fixiert (Strafrecht), formal vereinbart (Hausordnung) oder mit mehr oder weniger breitem Spielraum für individuelle Interpretation als Konventionen wirksam werden können. Zur Konformität mit stark formalisierten Verhaltenserwartungen wird man kaum durch Gratifikationen gebracht; die Verletzung solcher Normen wird als sehr schwerwiegend betrachtet und sofort geahndet. Sie stellen die Minimalanforderungen an das erwartete Verhalten dar, und Konventionen dienen dazu, den verbleibenden Handlungsspielraum zu strukturieren. Dies geschieht jeweils durch die Aktualisierung einer bestimmten Position, indem man den Verhaltenserwartungen der jeweiligen Bezugsgruppe folgt. »Wenn einer Reaktion eine Belohnung (oder ›Verstärkung‹) folgt, so nimmt die Häufigkeit oder Wahrscheinlichkeit einer Wiederholung der entsprechenden Reaktion zu«, und umgekehrt: »Folgt auf eine Reaktion Bestrafung, so vermindert sich die Häufigkeit oder Wahrscheinlichkeit von Wiederholungen.«[59] Belohnungen können dabei etwa sein: freundliches Grüßen, Hilfsangebote, ehrenvolle Aufträge, Vertrauen etc.; Bestrafungen sind zum Beispiel Grußverweigerung, Klopfzeichen, zur Rede stellen, Verweigerung von Hilfeleistungen etc.

Die informellen Verhaltenserwartungen im Nachbarschaftsbereich sind relativ wenig ausgeprägt, und das Instrumentarium zu ihrer Durchsetzung, das den Nachbarn zur Verfügung steht, ist relativ schwach. Ein wichtiger Grund dafür ist bereits aufgeführt worden: Wo soziale nicht mehr unbedingt mit ökonomischen Kontakten zusammenfallen, wo also die Positionenmenge der beteiligten Nachbarn weit genug differenziert ist, sind Sanktionen im allgemeinen nicht schwerwiegend; bei Verweigerung einer Hilfeleistung kann man einem Freund, einem Verwandten oder einem Dienstleistungsbetrieb telefonieren und so dem Angewiesensein auf die Nachbarn ausweichen.

Es ist allerdings auch möglich, daß gruppenspezifische Verhaltenserwartungen wichtiger werden können als selbst rechtlich fixierte. Besonders in relativ abgeschnittenen ländlichen Gebieten finden sich Normen, die »eng mit Mythen und Legenden zusammenhängen« (Folkways, Mores, Zeremoniell und Ritual), oft aber auch mit ökonomischen Notwendigkeiten. So kommt es vor, daß in Grenzgebieten ganze Dörfer vom Schmuggel leben oder daß in Waldregionen das Wildern zur Hauptbeschäftigung vieler Dorfbewohner wird[60]. Das ist nur möglich in Siedlungen, in denen alle Bewohner einander gut

---

[59] Berelson, B.; Steiner, G. A.: Menschliches Verhalten, Bd. 1, S. 95.
[60] Weiss, R.: Volkskunde der Schweiz, S. 348.

kennen und dem Zugriff formaler übergeordneter Sanktionsinstanzen (Polizei) entzogen sind.
Dort treten manchmal auch besondere Mittel der sozialen Kontrolle in Kraft: »Letzte Reste einer sehr derben Form der von der Nachbarschaft ergriffenen Sanktionen gegen gemißbilligtes Verhalten lernten wir bei der Behandlung des Maibrauchtums kennen. Es wurde jemand, dessen Verhalten auf allgemeine Ablehnung im Ort gestoßen war, in Gestalt einer Puppe im Maibaum aufgehängt. (...) Aus anderen Orten wird das ›Türchenausheben‹ neben ›alte Töpfe vors Haus werfen‹ und ›Kühe von der Weide laufen lassen durch Öffnen des Zaunes‹ – als Mittel sozialer Mißbilligung genannt. (...) Weitere Formen der sozialen Kontrolle im Brauchtum war in früheren Zeiten das Streuen von Häcksel zwischen den Häusern derer, die außerehelichen Geschlechtsverkehr miteinander hatten; dann das Setzen von Bäumchen mit besonderem Symbolcharakter vor den Fenstern der Mädchen.«[61] Allerdings, so stellt *Wurzbacher* fest, sind diese derben Formen sozialer Kontrolle fast verschwunden. Darin zeige sich der »Ausdruck eines Wandels der Wertmaßstäbe, die der sozialen Kontrolle zugrunde liegen. Die Respektierung der privaten Intimsphäre ist sozusagen als eine neue Forderung den nachbarlichen Verhaltensnormen eingefügt worden«[62].
Die informellen Mittel der sozialen Kontrolle, so schreibt *Riemer*, können wirkungslos bleiben, wenn sie nicht unterstützt werden durch den ökonomischen Druck in einer Umgebung, deren räumliche Begrenztheit alle Bewohner zwingt, entweder aneinander zu verkaufen oder voneinander zu kaufen[63].
Die Überwachungsfunktion sozialer Kontrolle hat aber noch einen anderen Aspekt: den der Sicherung Gefährdeter und Bedrohter. So überwachen Nachbarfrauen das Spiel ihrer Kinder durch das Fenster und können in Notfällen eingreifen; Kinder, die auf dem Bürgersteig spielen, werden durch Vorübergehende vor Unfällen bewahrt; Anwohner einer Straße kennen einander und überwachen das Verhalten von Fremden; durch soziale Kontrolle entsteht in vielen Fällen auch ein wirksamer Schutz vor kriminellen Handlungen. Auf diesen Aspekt hat *J. Jacobs* in ihrem lesenswerten Buch sehr eindrücklich hingewiesen[64].
Rollenanalytisch gesehen hat die soziale Kontrolle einen doppelten

---

[61] Wurzbacher, G.: Das Dorf im Spannungsfeld industrieller Entwicklung, S. 136 f.
[62] Ebenda, S. 137.
[63] Riemer, S.: Villagers in Metropolis, in (159), S. 596.
[64] Jacobs, J.: Tod und Leben großer amerikanischer Städte, Teil 1, Abschnitte 2 bis 5.

Aspekt: Einmal ist sie das Mittel, mit dem rollenkonformes Verhalten durchgesetzt werden kann; andererseits ist sie aber selbst auch Teil der Verhaltenserwartungen, die mit der Nachbarposition verbunden sind, ist also soziale Rolle. Damit wird ihre Ausübung immer auch von den Normen der Bezugsgruppen, denen ein Nachbar außerhalb seines Wohnbereiches angehört, mit beeinflußt. So läßt sich auch die oben beschriebene Erscheinung erklären, daß illegale Verhaltenserwartungen entstehen und aktualisiert werden können: Beschränkt sich nämlich die Positionenmenge einer Anzahl von Menschen innerhalb eines engbegrenzten Raumes auf solche Positionen, die alle nahezu gleichermaßen einnehmen, sind also die Positionenmengen weitgehend identisch, so können die formal gesetzten Minimalanforderungen ignoriert werden.

3.3.4 Aktualisierung der Nachbarposition

Bis jetzt ist allgemein von nachbarlichen Verhaltensweisen gesprochen worden, ohne daß damit präzisiert wäre, unter welchen Situationsmerkmalen wem gegenüber die Nachbarposition aktualisiert würde. Das Definitionsmerkmal der räumlichen Nähe sagt ja nur etwas über die Möglichkeit von Beziehungen, kennzeichnet aber nicht »– was wichtiger wäre – die faktische Beziehungsdichte«[65]. Nur noch im Grenzfall von sozial nahezu völlig homogenen Quartieren kann die Intensität der nachbarlichen Beziehungen als Funktion der räumlichen Nähe beschrieben werden, nur hier zeigt sich eine hohe positive Korrelation zwischen Interaktionsdichte und Entfernung der Wohnungen voneinander[66]. Es wird also untersucht werden müssen, nach welchen unter den möglichen Kriterien die tatsächlichen Interaktionspartner ausgewählt werden und welche räumlichen Beziehungsmuster sich daraus ergeben.

3.3.4.1 Auswahlkriterien

Es wäre ein Irrtum anzunehmen, die Nachbarposition würde immer und in jedem Fall mit dem Eintritt in den räumlichen Nachbarschaftsbereich auch aktualisiert. Die latente Bereitschaft zur Aufnahme von Beziehungen ist zwar Teil der Verhaltenserwartungen,

---

[65] Jäggi, U.: Berggemeinden im Wandel, S. 172.
[66] Festinger, L.; Schacht, S.; Back, K.: Social Pressures in Informal Groups, S. 155.

die manifeste Interaktion aber tritt erst ein, wenn dazu ein Bedürfnis vorliegt. Der Gruß kann als Symbol aufgefaßt werden, er signalisiert die Bereitschaft des Grüßenden, den Nachbarnormen zu folgen und gegenüber dem Gegrüßten eine oder mehrere der Nachbarrollen auch zu spielen. Wollte man versuchen, nachbarliches Verhalten in seiner Intensität zu messen, so stünde der Gruß sicher am unteren Ende der Intensitätsskala.

Hat man nur einen Nachbarn, was höchstens im Falle einer Streusiedlung oder eines Weilers mit nur zwei Bauernhöfen eintreten dürfte, so ist damit festgelegt, wer für die Aufnahme von Nachbarbeziehungen in Frage kommt. In der Regel kann man aber unter einer Anzahl möglicher Interaktionspartner auswählen.

Da die Nachbarposition nur ein Element in der gesamten Positionenmenge darstellt und man bemüht ist, eine Privatsphäre dadurch zu schützen, daß man dem anderen nur einen möglichst geringen Einblick in die eigene Positionenmenge erlaubt, ist es wahrscheinlich, daß man dem Nachbarn gegenüber, dessen Positionenmenge mit der eigenen am weitesten übereinstimmt, auch am ehesten zur Aufnahme manifester Beziehungen bereit ist. Damit werden die Personen privilegiert, mit denen man neben der Nachbarposition noch andere gemeinsam hat, mit denen man also gemeinsam noch anderen Bezugsgruppen angehört. So werden jung verheiratete Ehepaare eher miteinander Kontakt aufnehmen als beispielsweise mit Pensionierten, Alleinstehende eher miteinander als mit Nachbarfamilien etc.

Da dies auch für die soziale Schichtung gilt, kann daraus geschlossen werden, daß man dem Nachbarn, wenn man ihn zum Beispiel um Hilfe oder Ausleihe bittet, Mängel des eigenen Haushaltes eingesteht. »Solange alles seinen normalen Gang geht, muß die Familie, muß der Haushalt autark sein.«[67] Die Bitte um Hilfe wird nur in Ausnahmesituationen an den Nachbarn gerichtet und zudem nur dann, wenn man darauf zählen kann, daß der Nachbar in einer vergleichbaren Situation ebenso handeln würde. So verliert man durch dieses Eingeständnis nicht an Prestige. »Nachbarschaft setzt gleichen sozialen Status voraus, dort weiß man am sichersten, was erlaubt und was tabu ist. Dort vergibt man sich am wenigsten, wenn man als Bittender erscheint.«[68]

Weiter kann man daraus folgern, daß Nachbarschaftsbeziehungen für Angehörige unterer Sozialschichten wichtiger sein werden als für die höheren Schichten, denn Mängel im Haushalt treten hier häufiger

---

[67] Pfeil, E.: Nachbarkreis und Verkehrskreis in der Großstadt, in (88), S. 190.
[68] Ebenda, S. 191.

auf als dort. Diese Vermutung ist an anderer Stelle ja schon angestellt worden: Dort, wo die Positionenmenge relativ klein ist, was für untere Schichten angenommen wurde, wiegt die Nachbarposition im gesamten Positionenhaushalt schwerer.
Dabei stellen sich auch psychologische Probleme, die bisher kaum untersucht sind. Hinweise darauf liegen nur aus dem Studium atypischer Situationen, etwa aus amerikanischen oder französischen Slums, vor. *H. Berndt* hat auf eine der sich vage abzeichnenden Tendenzen aufmerksam gemacht: »Unmittelbar verknüpft mit der ökonomischen Deprivation der Unterschichten ist die Schwächung ihres kollektiven Selbstbewußtseins; denn die hohe gesellschaftliche Bewertung von Besitz führt dazu, daß Eigentum zu den wichtigsten Quellen von persönlicher Identität und stabilem Selbstbewußtsein zählt. In einer Gesellschaft, die von Überproduktionskrisen bedroht ist, werden solche Identifikationsmodelle erst recht gefördert. Wer wenig besitzt, hat aber wenig Identifikationsmöglichkeiten, aus denen er Selbstbewußtsein und persönliche Identität schöpfen kann. Um dies auszugleichen, muß er sich Identifikationsmöglichkeiten suchen, die nicht an Besitz- oder Eigentumskategorien hängen. *Gans* hatte bei Bostons Westend-Bevölkerung (...) festgestellt, daß diese einen wesentlichen Teil ihres Selbstbewußtseins aus der Identifikation mit der Nachbarschaft bezog. Das Eigentümliche dieses Identifikationsprozesses war die Bezogenheit auf eine feste Raumstruktur.«[69]
Nachbarliche Interaktionen entstehen aber nicht automatisch, sie müssen von den Beteiligten angeknüpft werden. Das geschieht am leichtesten unter Personen, die auf Grund ihrer beschränkten Positionenmenge der Nachbarschaft besonderes Gewicht beimessen, also unter nicht berufstätigen Hausfrauen und unter Kindern, eventuell auch unter Pensionierten.
Die Tatsache, daß nicht nur die räumliche Nähe, sondern noch weitere Gemeinsamkeiten als Auswahlkriterien wirksam werden, ist von *Heberle* und nach ihm vor allem von *Atteslander* zum Anlaß genommen worden, von emotiver im Gegensatz zu normativer Nachbarschaft zu sprechen. Die Annahme eines emotionalen Gehaltes der Nachbarschaftsbeziehung verlangt hier nach einer zusätzlichen Überlegung: Hat man einen Interaktionspartner ausgewählt und tritt man mit ihm in Kontakt, so wird dadurch der Charakter der Beziehung verändert. Hier bietet sich die bekannte Hypothese von *G. C. Homans* an: »Wenn sich die Häufigkeit der Interaktion zwischen zwei oder mehr Personen erhöht, so wird auch das Ausmaß ihrer Neigung füreinander zunehmen und vice versa.«[70] *Schwonke* hat diese Hypo-

---

[69] Berndt, H.: Verlust von Urbanität im Städtebau, S. 282.
[70] Homans, G. C.: Theorie der sozialen Gruppe, S. 126.

these in seiner Untersuchung von Wolfsburg überprüft und bestätigt [71], so daß sie auch hier aufgenommen werden soll.

3.3.4.2 *Verhaltenstypen*

Verschiedentlich ist schon versucht worden, nachbarliche Verhaltensweisen zu typologisieren. So ist in Deutschland eine Typologie, die *Klages* vorgeschlagen hat, weitgehend akzeptiert worden. Sie unterscheidet zwischen zeremoniellem Verhalten, Solidaritätsverhalten und individuellem Kontaktverhalten [72]. Auf sie beziehen sich etwa auch *Aschenbrenner* und *Kappe* [73] sowie *Oswald* [74]. In England haben *Morris* und *Mogey* potentiell-gegenseitiges, gegenseitiges und nichtreziprokes Verhalten ihrer Typologie zugrunde gelegt, wobei sie meinen, der erste Typ trete am häufigsten auf [75]. Französische Versuche liegen vor von *Meister*, der erzwungenes, spontanes und organisiertes Verhalten als Interaktionstypen auseinanderhält [76], und vom *Centre d'Etudes des Groupes Sociaux (CEGS)*, das zwischen anonymer Bekanntschaft, Grußbeziehung und unverbindlichem Gesprächsverhalten und Besuchsverhältnis unterscheidet [77].
Begrifflich erscheint der Vorschlag von *Meister* am klarsten, wenn auch er wie alle anderen Versuche daran krankt, daß Abgrenzungen nicht eindeutig vorgenommen werden können. Er versteht unter erzwungenen Interaktionen solche, die durch gemeinsame Einrichtungen und Aufgaben nicht vermieden werden können (gemeinsamer Gebrauch einer Waschmaschine, gemeinsamer Abstellplatz für Mülleimer, alternierende Verpflichtung, das Treppenhaus zu reinigen, etc.). Hier findet eine Selektion unter den räumlich möglichen Nachbarn nicht statt. Dagegen sind spontane Interaktionen selektiv und zeitlich begrenzt (Ausleihe, Hilfe, Kinderhüten etc.). Organisierte Verhaltensformen entstehen, wenn die Nachbarn ein gemeinsames Bedürfnis entwickeln (gemeinsames Einkaufen, Ausflüge, Feste etc.). Die Organisation kann direkt durch die Gesamtheit aller Beteiligten oder indirekt durch von ihnen gewählte Vertreter erfolgen.

---

[71] Schwonke, M.: Wolfsburg, S. 116.
[72] Klages, H.: Der Nachbarschaftsgedanke und die nachbarliche Wirklichkeit in der Großstadt, S. 104.
[73] Aschenbrenner, K.; Kappe, D.: Großstadt und Dorf als Typen der Gemeinde, in (30), S. 194.
[74] Oswald, H.: Die überschätzte Stadt, S. 131 f.
[75] Morris, R. N.; Mogey, J.: The Sociology of Housing, S. 151.
[76] Meister, A.: Coopération d'habitation et sociologie du voisinage, S. 15 f.
[77] CEGS: L'intégration du citadin à sa ville et à son quartier, S. 42 ff.

Der Bereich der spontanen Interaktionen müßte allerdings sehr viel umfassen, vom unverbindlichen Gespräch über das Wetter über verschiedene Formen der gegenseitigen Aushilfe bis zu gelegentlichen Besuchen. Deshalb könnte man noch weiter differenzieren zwischen Verhaltensweisen, die primär der Hilfe, und solchen, die vor allem der Geselligkeit dienen. Spontane Interaktionen greifen weiter in die Privatsphäre der Nachbarn ein, sie werden nicht durch verbindliche Normen, sondern durch Konventionen geregelt, das Verhalten ist weniger ritualisiert, die soziale Distanz nimmt mit häufigerer Interaktion ab. Damit wird auch die soziale Kontrolle intensiver, bedient sich aber weniger massiver Sanktionen. Im allgemeinen sind hier nur wenige Personen oder Familien beteiligt, die aus den möglichen ausgewählt werden, und mit zunehmender Interaktionshäufigkeit wird die Grenze zwischen nachbarlichem und Freundschaftsverhalten immer schmaler. So werden Nachbarn manchmal auch zu Familienfeiern wie Hochzeit, Taufe oder Beerdigung eingeladen.

Organisierte Interaktionen entstehen entweder aus aktuellen Bedürfnissen oder aus tradierten institutionellen Formen, die sich einmal aus solchen Bedürfnissen entwickelt haben. Hierher gehören die Pumpennachbarschaften der mittelalterlichen Städte, aber auch viele Beziehungsformen in bäuerlichen Gemeinden. Die gegenseitige Hilfe zum Beispiel bei Ernte und Wegebau verbindet sich mit überlieferten Formen der Teilnahme an familiären Anlässen. Auf Überreste institutionalisierter Nachbarschaften ist schon verwiesen worden; in städtischen Verhältnissen sind solche Beziehungen weitgehend durch Infrastruktureinrichtungen verdrängt worden.

Mit der fehlenden Selektivität beim Typ der erzwungenen Interaktionen verbindet sich stark ritualisiertes Verhalten; damit läßt sich die erwünschte soziale Distanz aufrechterhalten. Es wird meist verlangt durch formelle Normen und entsprechend scharf sanktioniert.

3.3.4.3 Rollenkonflikte

Jede Nachbarrolle kann nicht nur dem unmittelbar komplementären Interaktionspartner, sondern auch anderen gegenüber gespielt werden. Dabei können auch Konflikte auftreten, z. B. dann, wenn eine Hausfrau gerade einen Gegenstand an eine Nachbarin verliehen hat, nach dem ihr Mann nun verlangt, um nur eines der vielen und alltäglichen Beispiele anzuführen. So entsteht ein Konflikt innerhalb einer Rolle, ein Intrarollenkonflikt. Er wird im allgemeinen dadurch gelöst, daß man eine Rolle zugunsten einer anderen aufgibt, daß man also den verlangten Gegenstand zurückfordert oder sich weigert, dem Ehemann den Gegenstand auszuhändigen, indem man sich auf seine

Nachbarrolle beruft. Aber auch zwischen den verschiedenen Nachbarrollen können Konflikte entstehen, so zum Beispiel, wenn sich zwei Nachbarinnen unterhalten, während eine dritte hinzukommt und um Hilfe bittet. Der Lösungsmechanismus ist ähnlich: Man muß eine Rolle zugunsten der anderen aufgeben (Interrollenkonflikt). Solche Rollenkonflikte sind um so heftiger, je verbindlicher die Verhaltenserwartungen, die zum Konflikt führen, formuliert sind. Sie sind allerdings im Nachbarbereich selten schwerwiegend.

Daneben können auch verschiedene Positionen eines Nachbarn miteinander in Konflikt geraten, zum Beispiel die Berufsposition und die Nachbarposition. Die aktiven Lösungsmöglichkeiten bleiben die gleichen, man kann sich aber auch passiv verhalten, indem man für die gegebene Situation auf die Aktualisierung beider Positionen verzichtet.

3.3.4.4 Räumliche Beziehungsmuster

Welche räumlichen Beziehungsmuster entstehen nun aus der Selektion der Nachbarn? Wenn man davon ausgeht, daß intensivere Formen spontaner Kontakte, also zum Beispiel gegenseitige Besuche, nur zwischen zwei oder wenigen Familien gepflegt werden, dann wird man den Nachbarschaftsbereich sehr eng ziehen müssen. »Als fest umgrenzbarer ›Kernbereich‹ des Nachbarschaftsverhältnisses bleibt einzig das Haus bestehen«, meint *Klages* [78]. Die Vermutung drängt sich dabei auf, daß der Haustyp berücksichtigt werden müsse. *Irle* hat diese Hypothese überprüft und verworfen; ihn interessierte allerdings in diesem Zusammenhang das gemeinsame Freizeitverhalten der Nachbarn [79] und nicht das, was hier unter den Nachbarrollen verstanden worden ist. Deshalb wird man seine Folgerung kaum übernehmen können. Dagegen hat *Schwonke* gefunden, »daß sich fast alle Befragten mit allen Hausbewohnern, vier Fünftel noch mit einzelnen Personen aus anderen Häusern grüßen« [80]. »Die geleistete Hilfe sowie die Ausleihe finden zu 80 % nur im Hause statt. In größeren Häusern – vornehmlich Hochhäusern – stößt man immer wieder auf die etagenbegrenzte Interaktion.« [81] Und in seiner Hochhausuntersuchung bestätigt *Herlyn*: »Mit dem Bedeutungsverlust des

---

[78] Klages, H.: Der Nachbarschaftsgedanke und die nachbarliche Wirklichkeit in der Großstadt, S. 108.
[79] Irle, M.: Gemeindesoziologische Untersuchungen zur Ballung Stuttgart, S. 36.
[80] Schwonke, M.: Wolfsburg, S. 105.
[81] Ebenda, S. 114.

›ganzen Hauses‹ als einem durchgängigen Kommunikationsbereich scheinen die einzelnen Etagen relativ intensive Kontaktzonen zu bilden.«[82]
Analog dazu wird man annehmen können, daß in Ein- oder Zweifamilienhauszonen der Nachbarschaftsbereich regelmäßig über die Grenze des Hauses hinausgeht.
Wichtig für die räumliche Abgrenzung des Bereiches der Nachbarschaft scheint das Bedürfnis zu sein, die Kontaktpartner auswählen zu können. Damit liegen die Grenzen im mehrspännigen Hochhaus auf der Etage, im zweispännigen werden die angrenzenden Etagen einbezogen werden, im drei- bis etwa sechsgeschossigen Mehrfamilienhaus, wie es in Städten häufig anzutreffen ist, dürfte der Bereich das ganze Haus umfassen. Sicher aber ist der Begriff »Nachbarschaft« für die Größe eines ganzen Quartiers oder auch nur für eine Straße verfehlt.

Exkurs: Der Gruppencharakter der Nachbarschaft

Die Frage, ob die Nachbarschaft als soziale Gruppe anzusehen sei, ist häufig diskutiert worden. Sie soll deshalb hier noch kurz behandelt werden, obwohl die Auseinandersetzung mit den neueren Entwicklungen der Gruppentheorie hinfällig geworden zu sein scheint.
Die Diskussion wurde offenbar ausgelöst durch die Unterscheidung primärer von sekundären Gruppen, die *C. H. Cooley* getroffen hat. Primäre Gruppen zeichnen sich danach vor sekundären dadurch aus, daß die in ihnen auftretenden Kontakte die persönliche Anwesenheit der Gruppenmitglieder erfordern (»face-to-face-contacts«). Dazu gehört dann auch die Nachbarschaft[83]. *Cooley* war damit bereits einen Schritt weitergegangen als *Sumner*, der je nach Zugehörigkeit nur zwischen Eigen- und Fremdgruppe unterschieden hatte; die These der zunehmenden Substitution primärer durch sekundäre Gruppen findet sich in vielen Werken der frühen Soziologie (bei *Tönnies* als Gemeinschaft und Gesellschaft, bei *Durkheim* als organische und mechanische Solidarität etc.).
Die Bezeichnung der Nachbarschaft als Primärgruppe trifft nur dann zu, wenn die Existenz von face-to-face-contacts als einziges Bestimmungsmerkmal herangezogen wird. Verlangt man aber, daß Primärgruppen ihre Mitglieder in besonders starkem Maße prägen, daß sie gemeinsame Ziele haben und ein spezifisches Gruppen-

---

[82] Herlyn, U.: Wohnen im Hochhaus, S. 155.
[83] Cooley, C. H.: Social Organization, in (159), S. 205.

bewußtsein entwickeln sollen, ja, daß sie für die Orientierung des sozialen Handelns ihrer Mitglieder besonders privilegiert seien, so kann Nachbarschaft sicher nicht als Primärgruppe angesprochen werden, es sei denn, in Ausnahmefällen. M. Weber meinte, daß »nur in Fällen gemeinsamer Gefahr mit einiger Wahrscheinlichkeit auf ein gewisses Maß von Gemeinschaftshandeln gezählt werden« dürfe [84]. So intensive Gruppenbeziehungen wird man jedoch bereits aus der Definition der Nachbarschaft, die wesentlich auf das Raumkriterium abstellt, ablehnen. Die Vorstellungen, die in dieser Art von der Nachbarschaft als einer Primärgruppe oder einer Gemeinschaft ausgehen, sind in den Bereich ideologischer Verzerrungen zu verweisen, in ihnen drückt sich »ein Stück Stadtfeindschaft« aus [85].

Die neuere Gruppentheorie geht dagegen eher davon aus, daß jeder Mensch in vielfältigen Gruppenbeziehungen stehe und sein Verhalten situationsspezifisch an ihnen orientiere; die Definition von *Homans*, die am Anfang zitiert worden ist [86], mag als Beispiel dafür gelten. Davon wird hier auch immer ausgegangen, wenn von der Nachbarschaft als einer sozialen Gruppe die Rede ist. Immer wird man von der tatsächlich zu beobachtenden oder als Verhaltensnorm nachweisbaren Beziehung zwischen Personen auf Gruppen schließen müssen, nur so lassen sich Verzerrungen vermeiden.

3.4 Soziologische Hypothesen zum Nachbarschaftsverhalten

Die wichtigsten Hypothesen aus der Analyse der Nachbarschaftsbeziehungen sollen zum Schluß noch einmal zusammengefaßt werden:

1. Nachbarschaft ist eine der sozialen Bezugsgruppen, an deren Normen sich das Verhalten der Menschen orientiert.

2. Die Gesamtzahl der Bezugsgruppen, denen ein Nachbar außerhalb der Nachbargruppe angehört, und die Werthierarchie, mit der eine Gesellschaft diese Bezugsgruppen belegt, entscheiden über die Bedeutung der Nachbargruppe für die Orientierung nachbarlichen Verhaltens.

2.1 In unserer Gesellschaft werden die Positionen tendenziell am höchsten bewertet, die mit dem Erwerb von Einkommen verbunden sind. Der soziale Status der Nachbarposition ist relativ gering.

---

[84] Weber, M.: Wirtschaft und Gesellschaft, S. 280.
[85] Schwonke, M.: Wolfsburg, S. 18.
[86] Vgl. Abschnitt 1.5.2

2.2 Die Zahl der Bezugsgruppen, der ein Nachbar angehört, unterscheidet sich nach verschiedenen Kriterien:
2.2.1 Die Zahl der Bezugsgruppen ist um so größer, je weiter eine Gesellschaft arbeitsteilig differenziert ist.
2.2.2 Die Zahl der Bezugsgruppen steigt mit zunehmendem Einkommen.
2.2.3 Die Zahl der Bezugsgruppen steigt mit zunehmender Bildung.
2.2.4 Die Zahl der Bezugsgruppen steigt mit der beruflichen Stellung.
2.2.5 Die Zahl der Bezugsgruppen ändert sich im Lebenslauf: Mit zunehmendem Alter steigt sie bis zu einem Kulminationspunkt und sinkt nachher wieder ab.
2.2.6 Die Zahl der Bezugsgruppen ist verschieden für die familiären Positionen: sie ist am kleinsten für die nicht erwerbstätige Hausfrau, am größten beim berufstätigen Mann (für das Kind siehe 2.2.5).
3. Nachbarliches Verhalten richtet sich nach Normen, die unterschiedlich verpflichtenden Charakter haben: Muß-, Soll- und Kann-Erwartungen.
3.1 Muß- und Soll-Erwartungen sind formal fixiert und gelten als Minimalerwartungen.
3.2 Die Verbindlichkeit der Kann-Erwartungen verhält sich proportional zum Status der Nachbarposition.
3.3 Die Verbindlichkeit der Kann-Erwartungen verhält sich umgekehrt proportional zur Zahl der Bezugsgruppen, denen ein Nachbar angehört.
3.4 Unter den Kann-Erwartungen ist die Distanznorm die wichtigste.
3.5 Die Schärfe der Sanktionen entspricht dem Grad der Verbindlichkeit der Verhaltenserwartungen.
4. Durch die Verhaltenserwartungen werden wichtige Aufgaben der Nachbargruppe umschrieben: Nothilfe, Sozialisation, Kommunikation, soziale Kontrolle.
4.1 Die Nachbargruppe übernimmt diese Aufgaben subsidiär zu anderen Institutionen, insbesondere zu den erreichbaren Infrastruktureinrichtungen.
4.2 Die von den Nachbarn einander erbrachten Leistungen sollen gegenseitig und gleichwertig sein.
5. Die räumliche Nähe der Wohnungen ist das Kriterium für die Auswahl der möglichen Interaktionspartner; zusätzliche Gemeinsamkeiten entscheiden über die faktische Interaktionsdichte.
5.1 Die Zahl der Interaktionen steigt, je größer die Zahl der gemeinsamen Bezugsgruppen ist.

5.2 In sozial homogenen Nachbargruppen kann die Interaktionsdichte als Funktion der Entfernung der Wohnungen voneinander beschrieben werden.

5.3 Die Nachbarbeziehungen werden als um so befriedigender beurteilt, je größer die Zahl der gemeinsamen Bezugsgruppen ist.

6. Nachbarschaftliche Beziehungen gehen nicht von Personen, sondern von Wohnungen aus.

6.1 Je intensiver die nachbarschaftlichen Beziehungen sind, desto kleiner ist ihr räumlicher Einzugsbereich.

6.2 Der räumliche Einzugsbereich der Nachbarschaft wird mit zunehmender Wohndichte kleiner.

Die hier formulierten Hypothesen sollen den Rahmen abstecken, der zu untersuchen ist, wenn man in einer konkreten Situation Informationen über den Charakter nachbarschaftlicher Beziehungen braucht. Das Konzept des Positionenhaushalts deutet dabei an, wie die Operationalisierung vorgenommen werden müßte, das heißt durch welche Übersetzungsvorgänge qualitative Verhaltensweisen meßbar gemacht werden können. Dazu drängt sich allerdings der Einsatz differenzierter Forschungsmethoden auf: Neben die Befragung (deren Wert im Einzelfall zu klären ist) dürfte den Instrumenten der Time Budget Analysis, der Soziometrie und der Interaktionsanalyse besondere Bedeutung zukommen.

3.5 Der Stellenwert einer Theorie der Nachbarschaft in einer Raum-Verhalten-Theorie

Man kann sich nun fragen, was eigentlich mit der hier vorgeschlagenen (hypothetischen) Beschreibung nachbarschaftlicher Beziehungen gewonnen sei. Viele Soziologen sind ja der Meinung, daß man Nachbarschaft wegen des fortschreitenden Funktionsverlustes – der kaum bestritten werden kann – nur noch am Rande behandeln müsse. Das scheint mir aber hier nicht entscheidend. Ergiebiger dürfte die Überlegung sein, wie sich eine solche Nachbarschaftstheorie einfügen ließe in eine allgemeine Theorie der Beziehungen zwischen sozialem Verhalten und physischem Raum, die sich in Grundzügen abzuzeichnen beginnt.

Eine solche Theorie wird sich kaum mehr an der Stadt-Land-Kontroverse orientieren können, wird also weder Großstadt- noch Agrarsoziologie sein, ganz spezifische Fragestellungen ausgenommen. Der Stadt-Land-Kontinuum-Ansatz hat sich, seit er erstmals formuliert wurde, offenbar als wenig fruchtbar erwiesen, so daß auch hier keine tragfähige Basis vermutet werden kann.

Sinnvoller erscheint mir der Versuch, die Frage nach den *Beziehungen zwischen Raum und Verhalten* grundsätzlich neu zu stellen, zumal es eine ganze Reihe von Versuchen in dieser Richtung gab, auf die neuere Arbeiten zur Siedlungssoziologie kaum Rücksicht genommen haben. Vor allem ist hier an *G. Simmel* zu denken, dessen Text über den »Raum und die räumlichen Ordnungen der Gesellschaft« immer noch aktuell ist. In Frankreich hatte *E. Durkheim* den Begriff der sozialen Morphologie geprägt: Darunter verstand er die Untersuchung des »materiellen Substrats« der Gesellschaft. Dieser Ansatz ist dann vor allem von *M. Halbwachs* weiter ausgeführt worden und hat bis heute an Einfluß kaum eingebüßt. In die gleiche Entwicklungslinie gehören die Soziographie, die um die Jahrhundertwende sich in den Niederlanden entwickelt hat, vor allem aber die Human Ecology, deren erste Ansätze *R. E. Park* und seine Mitarbeiter an der Universität von Chicago vor dem Ersten Weltkrieg formuliert haben.

Park wollte zwar – im Anschluß an *Durkheim* – den Gegenstand der Human Ecology auf die biotischen Grundlagen der Gesellschaft beschränkt sehen, an vielen Stellen seines Werkes finden sich aber klare Hinweise darauf, daß er sich der so gesetzten Grenzen voll bewußt war und versuchte, auch soziologische und sozialpsychologische Kategorien mit der sozialökologischen Betrachtungsweise zu verbinden. Der Punkt, an dem sich beides verknüpfen ließ, war mit der »natural area« bezeichnet.

Mit der Kritik am klassischen Konzept der Human Ecology, die um die vierziger Jahre einsetzte, begann auch eine Revision, die die Unterscheidung zwischen biotischer und sozialer Ebene relativierte *(Quinn)* oder ganz aufgab *(Hawley)*. Die bereits in der klassischen Formulierung enthaltene systemtheoretische Perspektive trat nun in den Vordergrund, kulturelle Momente wurden in die Betrachtung mit einbezogen *(Firey)* und das methodische Instrumentarium erweitert und verbessert. Zu den drei Schulen, die *Theodorson*[87] unterschied: dem neo-orthodoxen Ansatz, dem soziokulturellen Ansatz und der Social Area Analysis, wäre noch eine vierte zu zählen, die zunehmend an Bedeutung gewinnt: die Ecological psychology *(Barker)*. Dort ist – ausgehend von der Feldtheorie *(Lewin)* – mit dem Begriff des Behavior setting[88] ein Ansatz vorgelegt und empirisch getestet worden, der systematisch an die Perspektive der Human Ecology anzuschließen wäre. Interessant scheint auch die Entwicklung der Semiotik, die die Gestaltelemente der gebauten Umwelt als Zeichen auffaßt, denen spezifische kognitive Bedeutung innewohnt. Sie

---

[87] Theodorson, G. A. (Hrsg.): Studies in Human Ecology.
[88] Barker, R. G.: Ecological Psychology.

können damit als Elemente räumlicher Situationen begriffen werden, in denen sich soziale Prozesse abspielen. Die Frage nach den Zusammenhängen zwischen Raum und Verhalten ist also auf verschiedenen Ebenen behandelt worden, und die Ergebnisse weisen in eine Richtung, die für praxisrelevante Siedlungstheorie zweifellos wichtig werden wird.

Es zeigt sich nun, daß im Bereich der Umweltpsychologie das Konzept des Behavior setting eine ähnliche Bedeutung hat wie die Natural area im Bereich der Sozialökologie. *Barker* hat die strukturellen und dynamischen Eigenschaften des Behavior setting so umschrieben: »Strukturell gesehen besteht ein Behavior setting aus einem oder mehreren feststehenden Mustern von Raum – Verhalten, wobei Raum in einem begrenzenden und synomorphen Verhältnis zu Verhalten steht. Dynamisch gesehen stehen die Raum-Verhalten-Elemente eines Behavior setting, die Synomorphien, in einem interdepedenten Verhältnis untereinander, das enger ist als ihre Beziehungen zu Elementen anderer Behavior settings.«[89] Betrachtet man Nachbarschaft – so wie es bisher ohne Begründung geschehen ist – von einer Wohnung beziehungsweise einer Familie aus, deren Mitglieder Träger von Nachbarpositionen sind, so kann man Nachbarschaft offenbar unter dem Begriff des Behavior setting untersuchen. Die Synomorphie, das heißt die strukturelle Ähnlichkeit, zwischen Raum und Verhalten war ja ein spezifisches Merkmal nachbarschaftlicher im Gegensatz etwa zu freundschaftlichen Beziehungen.

Nun ist aber die Betrachtung von Nachbarschaft aus der Sicht einer Wohnung beziehungsweise einer Familie nicht unbedingt zwingend. Nachbarkreise setzen sich vielmehr fort, sich immer überschneidend: Von der Wohnung A aus gesehen mögen B und C als Nachbarn angesehen werden, von der Wohnung C aus mögen es A und D sein usw. Die Grenzen solcher Ketten von Nachbarschaftsbeziehungen fallen zusammen mit relativ schwer passierbaren natürlichen oder künstlichen Hindernissen, also mit Flüssen oder Niveauunterschieden beziehungsweise Bahnlinien, stark frequentierten Straßen usw. Und eben dieses räumliche Gebilde bezeichnete *Park* als Natural area. Es diente der Human Ecology als Untersuchungseinheit; an ihm wurden die wichtigsten Konzepte der klassischen Sozialökologie entwickelt, und es gab schließlich das Vorbild ab für das Planungsmodell der Nachbarschaftseinheit.

Von dieser doppelten Perspektive her, unter der sich Nachbarschaftsbeziehungen analysieren lassen, darf man annehmen, daß Nachbarschaft quasi im Schnittpunkt zwischen einer mehr makrosoziologisch-morphologischen Theorie, wie sie der Human Ecology zugrunde liegt,

---

[89] Ebenda, S. 18.

und einer mehr sozialpsychologisch-semiotischen Theorie anzusiedeln wäre. So kommt dem Konzept auch dann eine theoretische Bedeutung zu, wenn man das faktische Gewicht der Nachbarschaftsbeziehungen als gering einschätzt. Es scheint dann zweckmäßig, eine Reihe jener Probleme, die aus soziologischer wie aus planerischer Sicht heute noch offen sind, von diesem Ansatzpunkt her anzugehen: Homogenität oder Heterogenität der sozialen Schichten, Nutzungsmischung, Dichte, räumliche Konsequenzen sozialer und geographischer Mobilität usw.

4. Planung

4.1 Soziale Auswirkungen räumlicher Organisation

Wenn der physische Raum in soziologischer Perspektive als die »Möglichkeit des Beisammenseins« gedeutet wird, dann bedeutet die Organisation dieses Raumes, wie sie durch Stadtplanung vorgenommen wird, eine Vorstrukturierung dieser Möglichkeit; das heißt, es wird so ein Entscheid darüber gefällt, wer mit wem an welchem Ort und in welcher Art in soziale Beziehungen eintreten kann, auch wenn räumliche Organisation nicht als determinierend für Sozialbeziehungen angesehen werden darf. Das gilt im negativen wie im positiven Sinne: Bei Sanierungsprojekten werden bestehende Kontakte durch Umsiedlung unterbrochen und am neuen Wohnort Integrationsprozesse erzwungen; in Neubaugebieten müssen solche Kontakte unter den verschiedenen Zuzüglern erst angebahnt werden und sich konsolidieren.

Ein Flächennutzungsplan, der ein Wohngebiet mit festgelegter Geschoßzahl und Ausnutzungsziffer vorsieht, entscheidet bereits weitgehend über die Zusammensetzung der Bevölkerung, die einmal dort leben wird und damit auch über die Art der mit großer Wahrscheinlichkeit dort zustande kommenden Beziehungen. Dagegen kann ein innerstädtischer Verkehrsplan dafür sorgen, daß Beziehungen zwischen räumlich relativ nahe beieinander Wohnenden vielleicht niemals entstehen, weil sie durch eine verkehrsreiche Straße getrennt sind. Eine Wohnzone am Stadtrand, die auf die Arbeitsplätze in der City angewiesen ist, kann unter bestimmten Umständen schwere psychische Schäden für einige der dort lebenden Personen zur Folge haben, und die Planung in größeren, scharf nach außen begrenzten Siedlungseinheiten (zum Beispiel neighborhood-unit) kann das vermehrte Auftreten von Kriminalität in den Grenzzonen begünstigen. Erschließung und Ausrüstung, Mietpreise und Wohnungsausstattung, reine oder gemischte Zonen, hohe oder tiefe Ausnutzung: das alles sind Entscheidungen, die der Planer zu treffen gewohnt ist und über deren soziale Folgen er dringend Informationen braucht. Die üblichen Querschnitt-Studien von Gemeinden liefern sie ihm nur selten, und die Untersuchung einer Gemeinde in Australien sagt ihm nichts darüber, welche sozialen Auswirkungen seine Arbeit in Frankfurt wahrscheinlich haben wird. Nur eines ist nicht zu bestreiten: daß er eine Kategorie sozialer Beziehungen maßgeblich mitgestaltet.

Wenn hier allgemein vom »Planer« gesprochen wird, so muß man vorausschicken, daß sich hinter diesem Pauschalbegriff ganz verschiedene strukturelle Beziehungen verbergen. Der Architekt, der Planungsaufgaben übernimmt, kann dies als Beamter tun, er kann aber auch in einem Auftragsverhältnis zu einer Gemeindebehörde oder zu einem privaten Auftraggeber stehen. Daß dies jeweils unterschiedliche Folgen für seine Tätigkeit hat, ist offensichtlich und sollte bei der aus stilistischen Gründen sich aufdrängenden Verallgemeinerung nicht übersehen werden.

4.2 Der Handlungsspielraum des Planers

Der Handlungsspielraum, der dem Planer zur Verfügung steht, ist nach verschiedenen Seiten erheblich eingeschränkt. Er hat in seiner Arbeit eine Reihe von Randbedingungen zu akzeptieren, die ihm zwar nicht gefallen mögen, die er aber doch nicht oder jedenfalls nicht kurzfristig zu ändern vermag. Arbeitet er privat, so ist er auf Aufträge angewiesen, und er wird nichts daran ändern können, wenn seine Auftraggeber den Erfolg seiner Arbeit nach der Höhe der erzielten Grundrente beurteilen. Der beamtete Planer muß andererseits vielfache Einschränkungen aus seiner hierarchischen Position hinnehmen, die ebenfalls seinem Einfluß weitgehend entzogen sind.

Die Konflikte, denen er sich ausgesetzt sieht, sind weitgehend strukturell angelegt. Wo eine Gesellschaft die Funktionsfähigkeit ihrer Wirtschaft auf privaten Besitz und auf das »freie Spiel der Marktkräfte« zurückführt, dort ist Planung ein systemfremdes Element, ist sie doch ohne Eingriff in diese Grundlagen nicht möglich. Der Planer steht somit im Schnittpunkt zwischen privatem und öffentlichem Interesse, und er kann sich nur schrittweise mehr auf die eine oder mehr auf die andere Seite hin bewegen.

In größeren Städten ist die Planung in der Regel eigenen Verwaltungsabteilungen übertragen. Der Entscheidungsspielraum dieser Behörden ist durch eine Vielzahl rechtlicher Bestimmungen, in der Regel aber auch durch parteipolitisches Kalkül eingeschränkt, und dort, wo die öffentliche Hand den Boden nicht selbst besitzt, auf dem geplant werden soll, bleibt ihr häufig nur eine Überwachungsfunktion. Gegen den Willen der Grundeigentümer lassen sich größere Planungsvorhaben nicht realisieren. Das gilt meist auch dann, wenn die Enteignungsbestimmungen relativ großzügig gehandhabt werden können, also zum Beispiel in der Verkehrsplanung. Die Planungsbehörde ist damit auf einen fortwährenden Interessenausgleich angewiesen, den sie unter Umständen durch Konzessionen ermöglichen muß. Ihre Rolle gegenüber den Privaten ist die des kompetenten Kritikers. Wie sie diese Rolle spielt, ist damit nicht gesagt; die Varianten umfassen das ganze Spektrum vom Kollaborateur bis zum selbstherrlichen Planungsvogt.

Immerhin gibt es eine Reihe von Aufgaben, die der Planungsbehörde übertragen werden müssen, da sie von den Privaten im allgemeinen nicht bewältigt werden können. Hierher gehören vor allem die Stadtentwicklungsplanung, die Verkehrs- und übrige Groberschließungsplanung und die Fachplanungen für die Ausrüstung des Stadtgebietes mit den notwendigen Folgeeinrichtungen. Sobald die damit verbundenen Grundsatzentscheide politisch durchgesetzt und rechtlich gesichert sind, werden sie zu Randbedingungen für die Arbeit der privaten Planer und die Entscheide der Grundeigentümer.

Der in Privatauftrag arbeitende Planer ist damit von zwei Seiten eingeschränkt: von den kommunalen und übergeordneten Planungsnormen einerseits, von den Vorstellungen und Wünschen des Auftraggebers andererseits; sein Arbeitsbereich umfaßt, jedenfalls in Städten mit eigenen Planungsämtern, alle die Probleme, die sich mit der Konkretisierung der behördlich vorgegebenen Planungsvorstellungen stellen.

Dabei sei nicht verschwiegen, daß Herkunft, Ausbildung, Anstellungsverhältnis, Einkommen und Besitz und eine große Zahl anderer Faktoren das Handeln des Planers notwendig mit beeinflussen. Er gehört wie der Nachbar einer großen Zahl verschiedener Bezugsgruppen an, an denen er sein Verhalten orientieren muß. Es kann hier aber nicht darum gehen, eine wissenssoziologische Studie über die Position des Planers zu liefern; dazu fehlen bisher auch viele Grundlagen [1].

4.3 Nachbarschaft in der Stadtplanung heute

Wenn nun versucht werden soll, aus der Analyse der nachbarlichen Beziehungen einige Hinweise für die Stadtplanung abzuleiten, so drängt sich aus drei Gründen ein pragmatisches Vorgehen auf:

[1] Ansätze dazu liegen vor bei Berndt, H.: Das Gesellschaftsbild bei Stadtplanern, und – aus anderer Perspektive – bei Nigg, F.: Raumplanung in der Industriegesellschaft.

1. wird davon ausgegangen, daß die oben angeführten Randbedingungen für den Planer reale Grenzen seiner Handlungsfreiheit bedeuten, die er kurzfristig nicht verändern kann;
2. handelt es sich bei den Ausführungen über die Nachbarschaftsbeziehungen um hypothetische Aussagen, deren Überprüfung noch aussteht; der Planer kann aber nicht auf die Ergebnisse umfangreicher Forschungsprojekte warten und wird sich deshalb vorläufig mit begründeten Hypothesen begnügen müssen;
3. geht es hier primär um Illustration. Tatsächlich ist es kaum möglich, nur von einem einzigen Gesichtswinkel her ein Planungsproblem anzugehen. Die Beurteilung vorhandener oder zu erwartender Sozialbeziehungen im Nachbarschaftsbereich ist auch für die soziologische Betrachtung nur ein Kriterium unter anderen, und es muß immer nach der konkret vorliegenden Situation neu gewichtet werden.

4.3.1 Die Bedeutung der Nachbarschaft

Die Bedeutung der Nachbarschaftsbeziehung für den Planungsraum Siedlung erhellt sich sofort, wenn man sich klarmacht, daß der Position ›Nachbar‹ als Strukturelement des Sozialgebildes ein entsprechendes Element des Raumgebildes, die Wohnung, gegenübersteht. Damit ist angedeutet, in welchem räumlichen Bereich der Planer besonders auf den Charakter nachbarlichen Verhaltens zu achten hat; allerdings wäre es falsch, wenn man von der isolierten Betrachtung der Nachbarbeziehungen eines Haushaltes ausginge. Vielmehr hat man sich, wenn man von Nachbarschaft als der Grundlage kommunaler Sozialstruktur spricht, so etwas wie eine Kette sich überschneidender Kreise vorzustellen, in denen sich die Beziehungen immer weiter fortsetzen.

Man kann davon ausgehen, daß der Einfluß des Planers auf die Nachbarbeziehungen von zwei verschiedenen Faktoren ausgeht: von der Selektion der möglichen Interaktionspartner und von der Möglichkeit zu passiven Kontakten. Eine selektive Wirkung geht vor allem von den Mieten aus, die für Wohnungen verlangt werden. Andere Möglichkeiten wirken ergänzend: So das Angebot an speziellen Einrichtungen (Servicedienst und Pflegestationen in Verbindung mit Alterswohnungen) oder die Subventionierung von Wohnungen, deren Vermietung dann an bestimmte Auflagen gebunden ist (Familien mit Kindern). Die Möglichkeit zu passiven Kontakten wird durch die räumliche Zuordnung von Wohnungen und Folgeeinrichtungen bestimmt. Soll der Planer seine Einflußmöglichkeiten bewußt einsetzen? Soll er versuchen, intensive Nachbarschaftskontakte zu produzieren? Soll er homogene oder heterogene Neusiedlungen planen, oder gibt es irgendeine Zwischenlösung? Soll er passive Kontakte fördern, indem er zum Beispiel mehrere Wohnungen durch einen einzigen Fußweg erschließt? Wo sind Einrichtungen zu placieren, die zu erzwungenen Kontakten führen müssen?

Für die Beantwortung einiger solcher Fragen, wie sie sich in der planerischen Praxis nahezu alltäglich stellen, können die Hypothesen zum Nachbarschaftsverhalten eine Hilfe sein. Grundsätzlich scheint zu gelten, daß Nachbarbeziehungen in ihrer Bewertung hinter der Privatheit der Wohnung zurückstehen. Die Möglichkeit zu distanziertem Verhalten muß offenbleiben, und unter denen, die räumlich nahe wohnen, soll man sich seine Partner für intensivere Beziehungen auswählen können. Nachbarliche Kontakte werden dort aufgenommen, wo Bedürfnisse vorhanden sind, sie sind also nicht Selbstzweck; der Versuch, durch Planungsmaßnahmen im Nachbarschaftsbereich die Bildung intimer Gemeinschaften zu fördern, muß fehlschlagen, weil er den Charakter der Nachbarbeziehung verkennt.

Nachbarbeziehungen sind dort am ehesten befriedigend, wo sie unter Angehörigen der gleichen sozialen Schicht stattfinden. Das gilt primär für die Nothelferfunktion des Nachbarn. Andererseits entsteht in sozial homogen strukturierten Wohngebieten aus der Eindeutigkeit der Verhaltenserwartungen ein starker Konformitätsdruck, der sich negativ auf die Sozialisation von Kindern und die Integration von Zuzüglern auswirken kann. Man wird daher mit *H. Gans* [2] zur Auffassung kommen, daß Homogenität in dem Bereich, in dem nachbarliche Interaktionen stattfinden (je nach Haustyp also Etage, Haus oder kleine Gruppen von Häusern), anzustreben sei, im weiteren Umkreis aber Heterogenität. Da die Nachbarbeziehungen sich kettenartig über ein ganzes Wohngebiet hinziehen, kann Heterogenität jedoch nicht heißen, daß extreme Schichtunterschiede bestehen sollen; die Abstufung sollte vielmehr möglichst fein vorgenommen werden.

Für die Selektion nach sozialer Schicht steht dem Planer nur ein einziges Instrument zur Verfügung: die Mietpreisgestaltung, und mit ihr kann er meist nur in dem Sinne negative Schranken setzen, daß Gruppen ausgeschlossen werden, weil sie einen bestimmten Mietpreis nicht tragen können. Korrigierend kann hier nur über Mietzinszuschüsse und entsprechende Vermietpolitik eingegriffen werden.

Wohnungen können mehr oder weniger groß, sie können auch mehr oder weniger komfortabel ausgestattet sein. Auch von diesen Faktoren geht eine Selektionswirkung aus: Eine Vierzimmerwohnung wird beispielsweise eher von einer Familie mit Kindern als von einem allein-

---

[2] Gans, H. J.: The Balanced Community, S. 176 ff.

stehenden jungen Mann belegt werden. Wenn der Konformitätsdruck in homogenen Nachbarschaftsbereichen besonders groß, die soziale Kontrolle also besonders scharf ist, dann wird man einsehen, daß es kaum sinnvoll sein kann, Ein- und Vierzimmerwohnungen direkt nebeneinanderzulegen. Auch hier wäre eine Fein-Abstufung vorzuziehen.

4.3.2 Einige Beispiele

Welche Standorte wären für die Placierung von Alterswohnungen am besten geeignet? Was läßt sich aus dem Vorangegangenen darüber aussagen? Da die Positionenmenge von Rentnern relativ wenig umfangreich ist, kommt der Nachbarschaft hier erhöhte Bedeutung zu. Befriedigende Kontakte setzen aber voraus, daß die Interaktionspartner eine Reihe von Gemeinsamkeiten teilen, daß aber auch eine Auswahl unter den theoretisch denkbaren Partnern möglich ist. Man wird also versuchen, immer eine gewisse Anzahl von Alterswohnungen zusammenzufassen. Nun sind aber die Möglichkeiten zur gegenseitigen Nothilfe, auf die Pensionierte in besonderem Maße angewiesen sind, sehr beschränkt; vielmehr wird die Rolle des Kommunikationspartners in der Regel dominieren. Die Nothilfefunktion wird primär von anderen Institutionen erfüllt werden müssen, was deren leichte Erreichbarkeit voraussetzt. Die größte Vielfalt solcher Einrichtungen findet sich in den Bereichen der City oder der Subzentren. Bedenkt man nun noch die erhöhte Empfindlichkeit gegenüber Immissionen und die besondere Gefährdung durch Verkehr, so empfiehlt sich als Standort ein citynahes Wohnquartier. Dort, wo die Innenstadt vom privaten Verkehr weitgehend entlastet ist, wäre dem sogar noch die Placierung in den der Straße abgewandten Wohnungen des Zentrums vorzuziehen. Damit würden sich auch die vielfältigen Erlebnismöglichkeiten der City tagsüber nutzen lassen, während nachts, wenn die Arbeitsplätze verlassen sind, die notwendige Ruhe herrschte. Allerdings werden die Preise, die für die Miete von Innenstadtwohnungen wegen der hohen Grundrente verlangt werden, eine solche Standortwahl in den meisten Fällen verhindern. Hier wäre es an der öffentlichen Hand, die nötigen Voraussetzungen zu schaffen. Am wenigsten günstig wären demgegenüber vereinzelte Alterswohnungen in schlecht erschlossenen und ungenügend ausgerüsteten Vorstadtquartieren zu beurteilen.

Die Erneuerungsbedürftigkeit städtischer Quartiere ist von ihrer Entstehung primär ein Problem der grundrechtlichen Verhältnisse. Die Hoffnung auf Spekulationsgewinne steht meist am Anfang des baulichen Zerfalls. Die Wohnungen sind relativ billig, so daß sich hier ein überproportional hoher Anteil ökonomisch schwacher Bevölkerungsgruppen ansiedeln wird. Daraus wird man wieder auf die erhöhte Bedeutung nachbarschaftlicher Kontakte schließen. Wird ein solches Quartier saniert, so steigen die Kosten für die neuen Wohnungen so stark an, daß sie von den früheren Bewohnern nicht mehr getragen werden können. Der daraus entstehende Umzugsdruck zerstört soziale Beziehungsstrukturen, die für die Beteiligten ungeheuer wichtig waren. In den Zuzugsgebieten entstehen erhebliche Integrationsprobleme, Wohnungsmieten müssen durch öffentliche Zuschüsse verbilligt werden, Fürsorgeeinrichtungen werden zunehmend nötig, die Errichtung von Spezialklassen für anpassungsgeschädigte Kinder drängt sich auf etc. Der vermehrte private Gewinn, der aus dem ehemaligen ›Sanierungs‹-Gebiet herausgewirtschaftet wird, muß also letztlich durch Steuermittel finanziert werden, ohne daß damit irgendein Nutzen entstünde: Die psychischen und sozialen Schäden der ehemaligen Bewohner sind in den meisten Fällen irreparabel, und die Spekulation wird, wo möglich, auf angrenzende Gebiete übergreifen und dort in gleicher Richtung wirken.

Gerade in Fällen, in denen intensive und für die Beteiligten befriedigende Nachbarschaftsbeziehungen bestehen, erscheinen die Voraussetzungen für Initiativen seitens der Quartierbewohner selbst am ehesten als gegeben. Wo die Kriterien der Erneuerungsbedürftigkeit gegeben sind, etwa »ein zu hohes Maß der baulichen Nutzung; gefährdete Tragfähigkeit, Standsicherheit und Haltbarkeit der Gebäude; ungenügende Belichtung, Besonnung und Belüftung der Wohnungen und Arbeitsstätten mit nachteiligen Auswirkungen auf die Wohnbevölkerung; problematische Verkehrsverhältnisse (...); unzureichende Versorgung (...) und Entsorgung (...); unzulängliche Ausstattung des Gebietes mit Einrichtungen zum öffentlichen Gebrauch (...)«[3], wo aber die finanziellen Mittel zur Behebung fehlen, dort genügen oftmals gezielte Erneuerungskredite zu günstigen Bedingungen. Auch die Umgestaltung der öffentlichen Flächen kann unter intensiver Mitwirkung der Bewohner geschehen. Statt einigen Spekulanten werden die Steuermittel unmittelbar jenen zugute kommen, die auf sie angewiesen sind, und die bestehenden Beziehungsmuster werden nicht nur nicht zerstört, sondern gefestigt. Ein solches Vorgehen hängt in erster Linie von der rechtzeitigen Diagnose ab, das heißt von so genauen Unterlagen über die städtischen Quartiere, wie sie nicht einmal bei Stadtplanungsbüros oder Statistischen Ämtern vorhanden sind.

Anders liegt das Problem, wenn in sanierungsbedürftigen Quartieren hohe Fluktuationsraten die Ausbildung solcher Nachbarschaftsbezie-

---

[3] Zapf, K.: Rückständige Viertel, S. 13.

hungen verhindern. Dann wird man in der Regel kaum um die Sanierung von außen herumkommen. Das Beispiel zeigt aber, wie wichtig Informationen soziologischer Art für die Beurteilung von Ziel, Ablauf und Träger einer Sanierung sind. Damit soll nicht verschwiegen werden, daß eine Kausaltherapie an der Eigentumsordnung anzusetzen hätte.
Diese Hinweise können nun allerdings nicht schematisch für jeden beliebigen Fall angewendet werden. Sie sollen vielmehr zeigen, auf welche Art Kenntnisse über soziale Beziehungen für den Planer operationalisiert werden können. Dabei wird man immer vom konkreten Planungsproblem ausgehen müssen und seine spezifischen Voraussetzungen zu berücksichtigen haben. Das verlangt nach einer intensiven Zusammenarbeit zwischen Soziologen und Planern während des ganzen Projektablaufes. Der Soziologe muß bereit sein, sich gründlich in die Problemstellungen des Planers einzuarbeiten; der Mut zum Dilettantismus, den *Bahrdt* von beiden Seiten verlangt hat [4], nützt sehr wenig, wenn er nur zu dilettantischen Beiträgen führt.

4.3.3 Das Wertproblem

Wer als Wissenschaftler versuchen will, bei der Lösung praktischer Aufgaben, wie sie oben angedeutet worden sind, mitzuwirken, der wird nicht umhinkönnen, sich die Frage nach den Voraussetzungen und Konsequenzen seines Handelns, nach den Werten, die zu setzen er gezwungen ist, zu stellen. Die beispielhaft angeführten Hinweise für planerische Gestaltung lassen leicht erkennen, daß sie vom Wunsch getragen sind, Konflikte im Wohn- und Nachbarschaftsbereich zu vermeiden. Solche Wertsetzungen sind zu rechtfertigen, was auf sehr verschiedene Arten geschehen kann. Hier soll nur eine Überlegung dazu angeführt werden: Der Planer wirkt mit seinem Handeln notwendig auf soziale Beziehungen ein. Dabei kann er auf Informationen, die ihm die Konsequenzen seines Handelns bewußtmachen können, im allgemeinen nicht zurückgreifen. Er wird sich also an die Kriterien halten müssen, die ihm bekannt sind und die er möglichst eindeutig beurteilen kann: an technische und ökonomische. Nun mag es zwar in einem konkreten Fall von diesen Kriterien her sinnvoll sein, die Etagen eines Hochhauses in Ein- und Vierzimmerwohnungen zu unterteilen. Man wird ihm aber verständlich machen müssen, daß er damit Konfliktpotential schafft. Das ist dann am leichtesten möglich, wenn man Konflikte als soziale Kosten auffaßt, auch wenn es vorerst nur in Ausnahmefällen möglich ist, solche Kosten zu beziffern.

[4] Bahrdt, H. P.: Humaner Städtebau, Einleitung.

Auch wenn man die sozialen Funktionen des Konflikts positiv bewertet, wird man die Schaffung von Konflikten doch nicht immer und überall anstreben wollen. Im Gegenteil können zufriedenstellende Kontakte im Wohnbereich dazu beitragen, daß Energien für die Bewältigung schwerwiegenderer Konflikte freigesetzt werden. Es gilt also, gesellschaftlich relevante von irrelevanten Konflikten zu unterscheiden. Mieter werden sich kaum organisieren können, um die in ihrem Wohnbereich entstehenden Probleme und ihre Bedürfnisse zu artikulieren, wenn sie im Nachbarn nur den Gegner im Streit um den Gebrauch der gemeinsamen Waschmaschine oder um die Reinigung des Treppenhauses sehen. In einer Situation der Wohnungsnot kann der Vermieter eine monopolartige Stellung einnehmen, und man wird die Organisierung von Mietern als einen Akt der Selbsthilfe gerade auch dann anerkennen, wenn man marktwirtschaftlichen Prinzipien folgt.

Von Fällen, in denen Planungsprojekte intensiv durch Sozialwissenschaftler begleitet werden, hat man – abgesehen etwa von der Wiener Stadtplanung – bisher wenig vernommen. Hier soll kurz über ein Beispiel berichtet werden, wo diese Zusammenarbeit auf Initiative einer Gruppe von Architekten begonnen hat: die Planung Bern-Brünnen. Die Skizze bezieht sich allerdings nur auf Fragen, die im Zusammenhang mit Nachbarschaft unmittelbar interessieren, und es soll auch nicht verschwiegen werden, daß die meisten der bisher erzielten Ergebnisse vorläufig nur als Vorschläge auf dem Papier stehen.

Die »Planungsgruppe Brünnen«, in der neben mehreren privaten Architektur- und Planungsbüros auch das Stadtplanungsamt Bern vertreten ist, hat im Herbst 1971 vier Tage lang ein Seminar zwischen Planern und Soziologen veranstaltet, das unter dem Thema »Kommunikation in neuen Wohngebieten« stand. Dort ist unter anderem ein Vorschlag erarbeitet worden, der auf weite Strecken dem hier zur Nachbarschaftsbeziehung vorgeschlagenen Bezugsrahmen Rechnung trägt.

Große Wohneinheiten, die 100, 200 oder sogar noch mehr Wohnungen enthalten, können in »Hausettes« (diesen Begriff hat P. Dienel geprägt) gegliedert werden. Jedes Hausette umfaßt eine Anzahl von Wohnungen mit gleicher Größe, Ausstattung und gleichem Mietpreis, und zwar so viele, daß den zukünftigen Bewohnern die Möglichkeit bleibt, sich ihre Nachbarn auszuwählen (das heißt ca. 10 bis 30 Wohnungen). Jede dieser Einheiten soll die wichtigsten Gemeinschaftseinrichtungen enthalten, also zum Beispiel Waschmaschinen und Trockenräume, Briefkastenanlagen etc. Die Groberschließung erfolgt über Lifts, die jedes Hausette bedienen, die Feinverteilung über Korridore und Treppenanlagen, die raum- und ausstattungsmäßig nicht nur ein Minimum bieten, sondern bei schlechtem Wetter auch für spielende Kinder attraktiv genug sein sollen. Das daran anschließende Hausette weicht in Grundriß, Größe der Wohnungen, Ausstattung und Mietzins vom vorderen ab, allerdings nicht so stark, daß große Schichtunterschiede zu erwarten wären. Erschließung und Ausrüstung mit Gemeinschaftsanlagen entsprechen sich. Anlagen wie externe Kinderspielplätze, Autoeinstellhallen, Abstellplätze für Mülleimer etc. werden von den Bewohnern des ganzen Hauses gemeinsam benutzt.

Dieses Konzept würde es ermöglichen, eine große Zahl verschiedener Wohnungstypen (zum Beispiel auch Alters- und Junggesellenwohnungen) im selben Haus zusammenzufassen, ohne daß die Unterschiede in der Bevölkerungsstruktur so schroff würden, daß Konflikte zwischen den Wohnparteien auftreten müßten. Die Selektion über das Kriterium Einkommen erfolgt durch die Mietpreisgestaltung; sie ist allerdings so grob, daß viele andere Unterschiede damit nicht erfaßt werden können. So entsteht auch im engeren Nachbarschaftsbereich der Hausettes eine heterogene Bevölkerungsstruktur, die breite Auswahlmöglichkeiten zuläßt; das Einkommen ist als Indikator aber wichtig genug, daß man eine Reihe von Gemeinsamkeiten vermuten darf.

Das Konzept ist ausdrücklich als Experimentiervorschlag formuliert worden. Das erscheint auch deswegen nötig, weil man über relativ wenig Erfahrung mit den sozialen Beziehungen, die sich in großen Wohneinheiten herausbilden, verfügt. Eine Planung, die wie Brünnen Wohnungen für 15 000–20 000 Menschen bereitstellen soll, kann nur in Etappen realisiert werden, die es erlauben, neue Erfahrungen zu machen und aus Fehlern für die nächste Etappe zu lernen.

Exkurs: Die Nachbarschaftseinheit aus der Sicht der Soziologie

Es ist gezeigt worden, daß das Planungskonzept der Nachbarschaftseinheit mit einem soziologischen Begriff der Nachbarschaft nichts zu tun hat. Verschiedentlich ist aber von Soziologen behauptet worden, es spreche nichts dagegen, »den Städtebau in der Größe von Nachbarschaftseinheiten zu planen«[5], solange man nur keine übertriebenen Hoffnungen hinsichtlich der in solchen Einheiten entstehenden Sozialbeziehungen hege. Dazu drängen sich einige kritische Bemerkungen auf:

1. Die Nachbarschaftseinheit soll nach dem Einzugsbereich einer Volksschule, gemeinhin mit etwa 5000 Einwohnern angegeben,

---

[5] Baechtold, R.: Kritische Auseinandersetzung mit der Nachbarschaftsidee als Planungsgrundlage, S. 17.

dimensioniert sein. Es gibt kaum einen einsehbaren Grund dafür, ausgerechnet die Grundschule als Maßstab zu wählen. Die Zahl von 5000 Einwohnern ist willkürlich gewählt.

2. Die Nachbarschaftseinheit soll auf allen Seiten durch natürliche oder künstliche Hindernisse begrenzt sein. *Meister* hat die Wirkung solcher Grenzen an französischen Beispielen untersucht und ist zum Schluß gekommen, daß die Bewohner von Häusern in der Grenzzone sich als weniger integriert erwiesen als andere[6]. Damit läßt die soziale Kontrolle nach, und es können Unsicherheitszonen entstehen, die von der Bevölkerung gemieden werden und kriminelle Verhaltensweisen erleichtern. Das hat *J. Jacobs* ähnlich für amerikanische Nachbarschaftseinheiten, vor allem für solche, die durch Mauern und Zäune gegen außen abgeschirmt waren, beschrieben[7]. Natürliche und künstliche Hindernisse, die als Zäsuren wirken, lassen sich zwar kaum vermeiden; es gibt aber keinen Grund, sie nur um der Abgrenzung der Nachbarschaftseinheiten willen zu schaffen. Wichtiger wäre es oft, die negativen Nebenwirkungen solch unvermeidbarer Grenzen zu überwinden, indem man zum Beispiel Bahnlinien oder Hauptverkehrsstraßen tief legt oder überbaut.

3. Innerhalb der Nachbarschaftseinheit soll ein System kleinerer Parks vorgesehen werden. Es dürfte sich als schwierig erweisen, solchen Grünflächen andere als visuelle Funktionen zuzuordnen. Vorzuziehen wären großzügige Spiel- und Sportflächen oder Parks, die groß genug sind, um Spaziergänge zu erlauben. Werden noch Cafés oder kulturelle Einrichtungen zusätzlich vorgesehen, so kann die Attraktivität dieser Flächen noch gesteigert werden.

4. Alle öffentlichen Institutionen, deren Einzugsbereich mit dem der Nachbarschaftseinheit zusammenfällt, sollen im Zentrum lokalisiert werden. Das sollte aber nur dann gelten, wenn diese Institutionen publikumsattraktiv sind und damit leicht erreichbar sein müssen. Bloße Repräsentationsbauten beanspruchen wertvolle Flächen, die besser Wohnungen und attraktiven Einrichtungen vorbehalten blieben.

5. Geschäfte für den Tagesbedarf sind an der Peripherie der Nachbarschaftseinheit zu planen und sollen an die Hauptverkehrsstraßen angeschlossen werden. Gerade sie haben aber belebende Funktion, und es ist nicht einzusehen, warum sie aus dem Zentrumsbereich verbannt werden sollen. Die nötige Zulieferung kann unterirdisch oder über Straßen erfolgen, die dem Privatverkehr verschlossen sind.

6. Der Durchgangsverkehr soll von peripher angeordneten Straßen

---

[6] Meister, A.: Coopération d'habitation et sociologie du voisinage, S. 137.
[7] Jacobs, J.: Tod und Leben großer amerikanischer Städte, S. 146 f.

übernommen und das interne Erschließungssystem gerade nach der vermutlich anfallenden Belastung dimensioniert werden. Dagegen ist sicher nichts einzuwenden. Es darf aber nicht übersehen werden, daß besonders der öffentliche Verkehr belebende und zentrumsbildende Funktionen hat.

So gesehen bleibt von der Nachbarschaftseinheit nicht viel mehr übrig als eines unter vielen anderen denkbaren Planungskonzepten; sie ist nicht einmal das beste. Alle Versuche, mit diesem oder ähnlichen Konzepten die ›Schäden der Großstadt‹ zu überwinden, scheinen letztlich auf einem Denkfehler zu beruhen, jedenfalls so lange, als die ›Schäden‹ aus einer Beurteilung sozialer Beziehungen umschrieben werden. Nicht die Großstadt ist für den Wandel in sozialen Beziehungen verantwortlich, sie ist vielmehr wie dieses Symptom, das bis zu einer Ursache, dem Wandel der ökonomischen Verhältnisse, zurückverfolgt werden müßte. Nicht die Großstadt ist verantwortlich für Luft- und Wasserverschmutzung, für Verkehr und Kriminalität, sie ist davon nur besonders stark betroffen. Die Stadt kann wohnlich sein, die Mittel, um dies zu erreichen, stehen heute zur Verfügung. Ihre Auflösung in Dörfer wäre eine reaktionäre Utopie; sie würde viele positive Errungenschaften des städtischen Lebens zerstören, ohne ihre Mängel zu beheben.

Zweifellos hat das Konzept der Nachbarschaftseinheit aber auch positive Aspekte, und es wäre falsch, wollte man diese verdammen. Dazu gehört die Möglichkeit, durch die Planung in größeren Einheiten die Kosten für die Erstellung von Wohnungen und Infrastruktureinrichtungen zu senken. In diesem Sinne ist *Riemer* zuzustimmen, wenn er schreibt, die Nachbarschaftsplanung werde in irgendeiner Form ihre Bedeutung behalten [8].

[8] Riemer, S.: The Modern City, S. 426.

Zusammenfassung

Die im 19. und beginnenden 20. Jahrhundert in vielen Ländern verbreitete Großstadtkritik muß auf einem jeweils spezifischen Erfahrungshintergrund gesehen werden: In England war es das Elend des großstädtisches Proletariats, in den USA die Sehnsucht der ersten Stadtgeneration nach der Solidarität der frontier situation, in Skandinavien eine bürgerlich verklärte Ideologie, die sich die Bauernbewegung zu eigen machte, und in Deutschland der Blick zurück in eine idealisierte Vergangenheit, in der die politischen Verhältnisse ›noch in Ordnung‹ waren, die solche Kritik provozierten. Entsprechend unterschieden sich auch die Rezepte, mit denen man der kranken Stadt zu Leibe rücken wollte.
Allerdings mußte die Kritik ihr Ziel verfehlen: Nicht die Großstadt produzierte all die Mängel, die man ihr nun zur Last legte, sie war selbst nur Erscheinungsbild des tiefgreifenden Wandels, der sich mit der Industrialisierung einstellte und der freilich in den Städten am augenfälligsten beobachtet werden konnte. So stand die Großstadtkritik immer auch im Dienste reaktionärer ökonomisch-politischer Eliten oder wurde doch von ihnen gerne in diesem Sinn interpretiert. Auch heute noch findet sie sich im Kontext konservativer Ideologien wieder.
Mit der Stadtkritik ging auch eine Ideologisierung der Nachbarschaftsbeziehungen einher, die sich – zumal in Deutschland – einerseits an einem vermeintlichen historischen Vorbild, andererseits an einer hochstilisierten Stadt-Land-Kontroverse orientierte. Beides hat sich als unhaltbar erwiesen. Zwar ist kaum zu bestreiten, daß die Nachbarschaftsbeziehungen gegenüber jenen des Mittelalters oder des bäuerlichen Dorfes in den modernen Städten an Funktionen verloren haben; zeitweilig war ihre Existenz dort überhaupt bezweifelt worden. Aber dem lag doch eine Fehleinschätzung ihres Charakters zugrunde. Nicht der innige Wunsch nach mitmenschlicher Gemeinsamkeit erwies sich als Grundlage der sozialen Beziehungen um den Bereich der Wohnung, sondern im weiteren Sinn ökonomischer Bedürfnisse, sachlich begründete Zwecke. Das dürfte für die genossenschaftsähnlichen Nachbarorganisationen des städtischen und ländlichen Mittelalters

ebenso zutreffen wie für jene intensiveren Formen nachbarschaftlichen Verhaltens, die heute noch in bäuerlichen Dörfern anzutreffen sind. Es war nicht der Moloch Großstadt, der nachbarliche Bindungen zerstörte. Vielmehr führte ein komplizierter Prozeß, in dem es kaum möglich ist, Ursache und Wirkung klar voneinander zu unterscheiden, dazu, daß immer mehr von jenen Aufgaben, die einmal der Nachbarschaft oblagen, an andere gesellschaftliche Institutionen abgegeben wurden. Anonyme Risikoträger, die öffentliche Verwaltung, die Feuerwehr, Versicherungen etc., schalteten sich an jenen Stellen ein, die früher spezifische Formen der nachbarlichen Beziehungen begründet und damit auch die fortwährende gegenseitige Bestätigung der Hilfsbereitschaft verlangt hatten. Bedenkt man das Verhältnis zwischen wirtschaftlichem Aufeinanderangewiesensein und sozialer Kontrolle, so könnte man den Verlust jener Funktionen ebensogut als einen Schritt zu größerer individueller Freiheit feiern wie romantisierend verdammen – beides wäre gleich falsch.

Völlig verfehlt erscheint es, würde man im Zusammenhang mit Nachbarschaft von Gemeinschaft reden. So ist auch die planerische Intention, mit städtebaulichen und architektonischen Mitteln so etwas wie Gemeinschaft herzustellen, verfehlt, da sie die Bestimmungsgründe nachbarlichen Verhaltens verkennt. In den meisten Fällen, in denen man versuchen wollte, durch bauliche Gestaltung zwischenmenschliche Kontakte zu erzwingen, wären die absehbaren Folgen eher Konflikt oder Isolierung als intime Mitmenschlichkeit.

Kein Zweifel – die Gestalt unserer gebauten Umwelt beeinflußt unser Sozialverhalten. Daher ist auch das strategische Interesse an Informationen über die Beziehung zwischen Raum und Verhalten legitim und die Mitarbeit von Sozialwissenschaftlern in Planungsprozessen nötig. Erst wenn es möglich ist, über die wahrscheinlichen Konsequenzen bestimmter Planungsmaßnahmen einigermaßen fundierte Aussagen zu machen, kann auch damit gerechnet werden, daß die Entscheidungskriterien sich mehr ›am Menschen‹ und nicht mehr so hervorragend am erzielbaren Profit orientieren. Daraus heute einen Vorwurf zu konstruieren ist nur bedingt richtig, es sei denn, er richte sich zu einem Teil auch an die Sozialwissenschaftler selbst. Im vorliegenden Zusammenhang ist es auch legitim, die verschiedenen Ursachen, die vielfältigen Momente, aus denen heraus sich spezifische Formen baulicher Gestaltung verstehen lassen, zu vernachlässigen. Natürlich spielt der Bodenpreis eine mittelbare Rolle, wenn man etwa an die Frage der homogenen oder heterogenen Nachbarschaften denkt. Natürlich hat auch der Wohnungsmarkt seine Bedeutung, die Einkommenverteilung einer Stadt, ihre demographischen und geographischen Charakteristiken, und zweifellos ist es fragwürdig, die konkreten Machtverhältnisse einfach zu ignorieren. Hier ist es ja darum gegan-

gen, einmal die wichtigsten unmittelbar wirksamen Bestimmungsgründe für nachbarschaftliches Verhalten zu suchen, soweit die bisherige Forschung Aussagen darüber zuläßt. Daher war auch die Perspektive, unter der von konkreten Planungsproblemen die Rede war, notwendig verengt. Niemand wird daran denken, nur vom Gesichtspunkt der Nachbarschaftsbeziehungen aus an Stadtplanung herangehen zu wollen.
Immerhin war es möglich, eine Reihe von Einflußfaktoren für die Beziehungen unter Nachbarn zu finden und mit Hilfe der Rollenanalyse systematisch darzustellen, wenn auch nur in Form von Hypothesen, so wie sie sich aus den Berichten über empirische Untersuchungen ableiten ließen. Damit, daß sich Nachbarschaft aus einer doppelten Perspektive analysieren läßt: aus der des behavior setting ebenso wie aus der der natural area, ließ sich auch der Stellenwert einer Theorie der Nachbarschaft innerhalb einer umfassenden Theorie der Beziehungen zwischen Raum und Verhalten skizzieren. Die Verwendung der Systemtheorie, so wie sie ansatzweise sich schon in den Arbeiten der klassischen Human Ecology abzeichnet, dürfte es erlauben, eine solche Theorie zu entwickeln. Einmal auf diesem Weg, wird man kaum beim bloßen Verstehen der Zusammenhänge stehenbleiben wollen. Konsequent wäre der Versuch, Modelle zu entwickeln, in denen sich einzelne Variablen verändern und die daraus entstehenden Konsequenzen ablesen lassen. Für die Beschreibung etwa der geographischen Mobilität existieren bereits seit längerer Zeit Entwürfe zu solchen Modellen, und auch die Stadtforschung arbeitet immer mehr mit diesem Instrument. Freilich darf der Nutzen, der sich aus dem Einsatz mathematisch-statistischer Methoden ziehen läßt, nicht überschätzt werden. Aber ein solches Vorgehen dürfte doch eine strengere Systematik in der Forschung ermöglichen.
Die Entwicklung einer Theorie der Beziehungen zwischen Raum und Verhalten, wie sie in absehbarer Zeit möglich sein dürfte, kann allein jedoch nur zu einer technokratisch orientierten Beratung der Planungspraxis führen. Sie wäre unbedingt zu ergänzen durch Arbeiten in den Bereichen der Ideologiekritik und Wissenssoziologie, der kommunalen Machtstrukturen, der Verwaltungssoziologie und Bürokratie, der politischen Entscheidungsprozesse und Partizipation, der Regionalpolitik. Die vielfältigen Aufgaben verlangen nach einer systematischen und koordinierten Forschungsarbeit, die nur interdisziplinär möglich sein wird, und dazu bedarf es ansehnlicher finanzieller und personeller Mittel. Nur wenn sie zur Verfügung stehen, werden die Sozialwissenschaften ihren Beitrag zur Überwindung der ›Unwirtlichkeit unserer Städte‹ leisten können.

Literaturverzeichnis*

1. Adorno, T. W.: Stichworte, Frankfurt 1969.
2. Arensberg, C. M.: Die Gemeinde als Objekt und Paradigma, in: (104).
3. Aschenbrenner, K.; Kappe, D.: Großstadt und Dorf als Typen der Gemeinde, in (30).
4. Atteslander, P.: Probleme der sozialen Anpassung, Köln, Opladen 1956.
5. Ders.: Der Begriff Nachbarschaft in der neueren Gemeindesoziologie, Schweizerische Zeitschrift für Volkswirtschaft und Statistik, H. 4, 1960.
6. Ders.: Der Mensch als Nutznießer der Infrastruktur, in: (86).
7. Ders.: Dichte und Mischung der Bevölkerung, vervielfältigter Bericht, Zürich 1972 (Publikation in Vorbereitung).
8. Ders.: Dynamische Aspekte des Zuzugs in die Stadt, Kölner Zeitschrift für Soziologie und Sozialpsychologie, 1955, S. 253 ff.
9. Ders. und Hamm, B. (Hrsg.): Materialien zur Siedlungssoziologie, Köln, Berlin (in Vorbereitung).
10. Baechthold, R.: Der moderne Wohnungs- und Siedlungsbau als soziologisches Problem, Basel 1964.
11. Ders.: Kritische Auseinandersetzung mit der Nachbarschaftsidee als Planungsgrundlage, Bern 1970.
12. Bahrdt, H. P.: Die moderne Großstadt, Hamburg 1961.
13. Ders.: Sozialwissenschaft und Stadtplanung, Stadtbauwelt 1, 1964.
14. Ders.: Wege zur Soziologie, München 1966.
15. Ders.: Humaner Städtebau, Hamburg 1968.
16. Barker, R. G.: Ecological Psychology, Stanford 1968.
17. Bartels, D. (Hrsg.): Wirtschafts- und Sozialgeographie, Köln, Berlin 1970.
18. Beegle, J. A.: Agrarsoziologie, in: (49).
19. Benevolo, L.: Die sozialen Ursprünge des modernen Städtebaus, Gütersloh 1971.
20. Berelson, B.; Steiner, G. A.: Menschliches Verhalten, Bd. 1, Weinheim, Berlin, Basel 1971.

* Fremdsprachige Textstellen wurden vom Autor ins Deutsche übertragen.

21. Berger, P.; Luckmann, T.: Die gesellschaftliche Konstruktion der Wirklichkeit, Frankfurt 1971.
22. Bergstraesser, A.; Mitautoren: Soziale Verflechtung und Gliederung im Raum Karlsruhe, Karlsruhe 1965.
23. Berndt, H.: Verlust von Urbanität im Städtebau, Das Argument, H. 4, 1967.
24. Dies.: Das Gesellschaftsbild bei Stadtplanern, Stuttgart, Bern 1968.
25. Dies.: Kriminalität und Städtebau, vervielfältigtes Vortragsmanuskript, 1969.
26. Bernsdorf, W. (Hrsg.): Internationales Soziologenlexikon, Stuttgart 1959.
27. Ders. (Hrsg.): Wörterbuch der Soziologie, Stuttgart 1969.
28. Bettelheim, C.; Frere, S.: Une ville française moyenne: Auxerre en 1950, Paris 1950.
29. Blanckenburg, P. v.: Einführung in die Agrarsoziologie, Stuttgart 1962.
30. Bolte, K. M. (Hrsg.): Deutsche Gesellschaft im Wandel, Opladen 1967.
31. Bracey, H. E.: Neighbours, London 1964.
32. Broady, M.: Das soziale Gefüge der Städteplanung, Kölner Zeitschrift für Soziologie und Sozialpsychologie, H. 4, 1969.
33. Brockmann, J.: Das Gesellschaftsbild des Stadtplaners in Vergangenheit und Gegenwart, Der Architekt, H. 4, 1967.
34. Centre d'Etudes des Groupes Sociaux: L'intégration du citadin à sa ville et à son quartier, vervielfältigter Forschungsbericht, Montrouge 1961.
35. Chevallaz, G. A.: La tache de l'autorité communale dans la société nouvelle, vervielfältigtes Vortragsmanuskript, 1970.
36. Chombart de Lauwe, P. H.: Paris et l'agglomération parisienne, Bd. 1, Paris 1952.
37. Ders.: Famille et habitation, Bd. 2, Paris 1960.
38. Ders.: Des hommes et des villes, Paris 1965.
39. Ders.: Sozialwissenschaften, Planung und Städtebau, Bauen und Wohnen, 1961, S. 139 ff.
40. Ders.: Soziologie des Wohnens, Bauen und Wohnen, 1961, S. 218 ff.
41. Clement, F.; Xydias, N.: Vienne sur le Rhône, Paris 1955.
42. Cooley, C. H.: Social Organization, in: (159).
43. Deenen, B. v.: Die ländliche Familie unter dem Einfluß von Industrienähe und Industrieferne, Berlin 1961.
44. Drewe, P.: Ein Beitrag der Soziologie zur Regional- und Stadtplanung, Meisenheim 1968.

45. Ders.: Sozialforschung in der Regional- und Stadtplanung, Kölner Zeitschrift für Soziologie und Sozialpsychologie, 1966, S. 102 ff.
46. Ders.: Techniken zur Identifizierung lokaler Eliten, Kölner Zeitschrift für Soziologie und Sozialpsychologie, 1967, S. 721 ff.
47. Ders.: Social Costs and Benefits of Urban Development, vervielfältigtes Vortragsmanuskript, 1972.
48. Egger, M.: Die Integration eines Dorfes im sozialen Wandel, in: (100).
49. Eisermann, G. (Hrsg.): Die Lehre von der Gesellschaft, Stuttgart 1958.
50. Ders. (Hrsg.): Die Lehre von der Gesellschaft, Stuttgart 1969.
51. Engels, F.: Herrn Eugen Dührings Umwälzung der Wissenschaft (Anti-Dühring), in: MEW Bd. 20, Berlin (DDR) 1968.
52. Esser, A. H. (Hrsg.): Behavior and Environment, New York, London 1971.
53. Feder, G.: Die neue Stadt, Berlin 1939.
54. Festinger, L.; Schacht, S.; Back, K.: Social Pressures in Informal Groups, London 1963.
55. Forstmann, W.: Wohnkultur und Städtebau, Köln 1962.
56. Fourier, C.: Theorie der vier Bewegungen und der allgemeinen Bestimmungen, Frankfurt/M., Wien 1966.
57. Franke, J.: Stadtbild, Stadtbauwelt 24, 1969.
58. Ders. und J. Bortz: Beiträge zur Anwendung der Psychologie auf den Städtebau, Zeitschrift für experimentelle und angewandte Psychologie, 1972, S. 76 ff.
59. Ders.: Ansätze einer psychologischen Grundlagenforschung zur Stadtgestaltung, vervielfältigtes Manuskript, o. J.
60. Freisitzer, K.: Zur Bedeutung der Methoden praktischer Sozialforschung für die Stadtplanung, Berichte zur Landesplanung und Landesforschung, H. 2, 1961.
61. Fried, M.; Gleicher, P.: Some Sources of Residential Satisfaction in an Urban Slum, Journal of the American Institute of Planners, 1961, S. 305 ff.
62. Frolic, B. M.: Soviet Urban Sociology, International Journal of Comparative Sociology, H. 4, 1971.
63. Gans, H. J.: Planning and Social Life, Journal of the American Institute of Planners, 1961, S. 134 ff.
64. Ders.: The Balanced Community, Journal of the American Institute of Planners, 1961, S. 176 ff.
65. Garbrecht, D.: Das Verhalten von Fußgängern, Werk, H. 3, 1971.
66. Gisser, R.; Kaufmann, A.: Sozialstruktur Wien 1961, Der Aufbau, H. 7/8, 1972.

67. Glass, R.: Urban Sociology in Great Britain, Current Sociology, H. 4, 1955.
68. Gleichmann, P.: Zur Soziologie der nordamerikanischen Stadtgemeinden, Politische Bildung, H. 2, 1970.
69. Goederitz, J.; Rainer, R.; Hoffmann, H.: Die gegliederte und aufgelockerte Stadt, Tübingen 1957.
70. Goffman, E.: Verhalten in sozialen Situationen, Gütersloh 1971.
71. Gottschalch, W.; Neumann-Schoenwetter, M.; Soukup, G.: Sozialisationsforschung, Frankfurt 1971.
72. Greer, S.: Neighborhood, in: (87).
73. Groenman, S.; Vollema, F.: Die Gemeindeforschung in den Niederlanden, Soziale Welt, 1954, S. 102 ff.
74. Hatt, P. K.: Reiss, A. J. (Hrsg.): Cities and Society, New York 1967.
75. Hauser, P. M. (Hrsg.): Handbook for Social Research in Urban Areas, Paris 1967.
76. Hawley, A. H.: Ecology and Human Ecology, in: (169).
77. Ders.: Sozialökologie, in: (104).
78. Heberle, R.: Das normative Element in der Nachbarschaft, Kölner Zeitschrift für Soziologie und Sozialpsychologie, 1959, S. 181 ff.
79. Ders.: Nachbarschaft, in: (27).
80. Heer, D. N.: Society and Population, Englewood Cliffs 1968.
81. Herlyn, U.: Wohnen im Hochhaus, Stuttgart, Bern 1970.
82. Hoffmann, H.: Amerikanische Community-Forschung, Soziale Welt, 1954, S. 122 ff.
83. Homans, G. C.: Theorie der sozialen Gruppe, Köln, Opladen 1968.
84. Ders.: Was ist Sozialwissenschaft?, Köln, Opladen 1969.
85. Howard, E.: Gartenstädte von morgen, Berlin, Frankfurt, Wien 1968.
86. Institut ORL (Hrsg.): Infrastruktur – acht Vorträge und ein Podiumsgespräch, Zürich 1969.
87. International Encyclopedia of the Social Sciences, New York 1968.
88. Ipsen, G. (Hrsg.): Daseinsformen der Großstadt, Tübingen 1959.
89. Irle, M.: Gemeindesoziologische Untersuchungen zur Ballung, Stuttgart, Bad Godesberg 1960.
90. Isaacs, R. R.: Attack on the Neighborhood-Unit Formula, in: (179).
91. Jacobs, J.: Tod und Leben großer amerikanischer Städte, Gütersloh 1971.
92. Jaeggi, U.: Berggemeinden im Wandel, Bern 1965.
93. Janowitz, M.: The Community Press in an Urban Setting, Chikago 1967.

94. Jonas, F.: Geschichte der Soziologie, Bd. 4, Hamburg 1969.
95. Kamer, A.: Assimilation in einer wachsenden Industriestadt, Bern 1963.
96. Keller, S.: The Urban Neighborhood, New York 1968.
97. Dies.: Neighborhood Concepts in Sociological Perspektive, Ekistics, 1966, S. 67 ff.
98. Klages, H.: Der Nachbarschaftsgedanke und die nachbarliche Wirklichkeit in der Großstadt, Stuttgart, Berlin, Köln, Mainz 1968.
99. Ders.: Über einige Probleme der Zusammenarbeit des Städtebauers mit dem Soziologen, Archiv für Kommunalwissenschaft, 1966, S. 66 ff.
100. König, R. (Hrsg.): Soziologie der Gemeinde, Köln, Opladen 1966.
101. Ders.: Die Gemeinde im Blickfeld der Soziologie, in: (138).
102. Ders.: Grundformen der Gesellschaft: die Gemeinde, Hamburg 1958.
103. Ders.: Zwei neue französische Gemeindeuntersuchungen, in: (100).
104. Ders. (Hrsg.): Handbuch der empirischen Sozialforschung, 2 Bde., Stuttgart 1967/69.
105. Ders.: Großstadt, in: (104).
106. Koetter, H.: Landbevölkerung im sozialen Wandel, Düsseldorf 1958.
107. Ders.: Ländliche Soziologie in der Industriegesellschaft, in: (165).
108. Ders. und Deenen, B. v.: Gesundheitszustand der landwirtschaftlichen Bevölkerung, Stuttgart 1963.
109. Ders. und Emge, M.: Agrar- und Stadtsoziologie, in: (50).
110. Kuehn, A.: Die soziotechnologische Problematik der Raumforschung, Raumforschung und Raumordnung, H. 3, 1965.
111. Ledrut, R.: Sociologie urbaine, Paris 1968.
112. Lee, T.: Urban Neighborhood as a Socio-Spatial Schema, in: (143).
113. Lenort, N.: Strukturforschung und Gemeindeplanung, Köln, Opladen 1960.
114. Luecke, P.: Raumordnung als politisches Leitbild, Bundesbaublatt Nr. 11, 1962.
115. Mann, P. H.: An Approach to Urban Sociology, London 1968.
116. Ders.: The Concept of Neighborliness, American Journal of Sociology, 1954, S. 163 ff.
117. Marx, K.; Engels, F.: Die deutsche Ideologie, in: MEW Bd. 3, Berlin (DDR) 1959.
118. McKay, H.: The Neighborhood and Child Conduct, in: (74).
119. McKenzie, R. D.: The Scope of Human Ecology, in: (169).
120. Meier, R.: Sozialökologische Aspekte bei der Abgrenzung von

Planungsregionen in Berggebieten, unveröffentlichte Diplomarbeit, 1971.
121. Meister, A.: Coopération d'habitation et sociologie du voisinage, Paris 1957.
122. Merton, R. K.: The Social Psychology of Housing, in: (179).
123. Mitscherlich, A.: Die Unwirtlichkeit unserer Städte, Frankfurt 1965.
124. Ders.: Thesen zur Stadt der Zukunft, Frankfurt 1971.
125. Morris, R. N.; Mogey, J.: The Sociology of Housing, London 1965.
126. Mumford, L.: In Defense of the Neighborhood, in: (179).
127. Naef, W.: Die Epochen der neueren Geschichte, Bd. 1, Aarau 1959.
128. Nigg, F.: Raumplanung in der Industriegesellschaft, Zürich 1970.
129. Nystuen, J. D.: Zur Bestimmung einiger fundamentaler Raumbegriffe, in: (17).
130. Oestreich, G.: Nachbarschaftsheime gestern, heute – und morgen? München, Basel 1965.
131. Oppen, D. v.: Familien in ihrer Umwelt, Köln, Opladen 1958.
132. Orlans, H.: Stevenage, London 1952.
133. Oswald, H.: Die überschätzte Stadt, Olten, Freiburg 1966.
134. Ders.: Ergebnisse der deutschen Gemeindesoziologie nach 1950, Archiv für Kommunalwissenschaften, 1966, S. 93 ff.
135. Park, R. E.; Burgess, E. W.; McKenzie, R. D.: The City, Chikago 1967.
136. Dies.: Human Communities, New York 1952.
137. Perry, C. A.: The Neighborhood-Unit Formula, in: (179).
138. Peters, H. (Hrsg.): Handbuch der kommunalen Wissenschaft und Praxis, Berlin, Göttingen, Heidelberg 1956.
139. Pfeil, E.: Großstadtforschung, Bremen 1950.
140. Dies.: Nachbarkreis und Verkehrskreis in der Großstadt, in: (88).
141. Dies.: Zur Kritik der Nachbarschaftsidee, Archiv für Kommunalwissenschaften, 1963, S. 39 ff.
142. Dies.: Die Familie im Gefüge der Großstadt, Hamburg 1965.
143. Dies.: Soziologie der Großstadt, in: (156).
144. Proshansky, H. M.; Ittelson, W. H.; Rivlin, L. G. (Hrsg.): Environmental psychology, New York 1970.
145. Quoist, M.: La ville et l'homme, Paris 1952.
146. Riehl, W. H.: Land und Leute, Stuttgart 1861.
147. Riemer, S.: Villagers in Metropolis, in: (159).
148. Ders.: The Modern City, New York 1952.

149. Ders.: The Nucleated City, British Journal of Sociology, H. 3, 1971.
150. Rosow, I.: The Social Effects of the Physical Environment, Journal of American Institute of Planners, 1961, S. 127 ff.
151. Roth, W.: Dorf im Wandel, Frankfurt o. J.
152. Rudolph, J.: Die ideologisierte Nachbarschaft, Der Monat, H. 186, 1964.
153. Roucek, J. S.: Entwicklung und Stand der Lehre von der sozialen Kontrolle in der amerikanischen Soziologie, Kölner Zeitschrift für Soziologie und Sozialpsychologie, 1957, S. 461 ff.
154. Sauberer, M.: Mathematische Modelle in der Stadtforschung und Stadtplanung, Raumforschung und Raumordnung, H. 1, 1972.
155. Schaefers, B.: Soziologie als mißdeutete Stadtplanungswissenschaft, Archiv für Kommunalwissenschaften, 1970, S. 240–259.
156. Ders.: Einige Anmerkungen über den Beitrag der Soziologie zur Stadtplanung und Raumplanung, Informationen, H. 17, 1971.
157. Schelsky, H.; Gehlen, A. (Hrsg.): Soziologie, Düsseldorf, Köln 1966.
158. Schelsky, H.: Auf der Suche nach Wirklichkeit, Düsseldorf, Köln 1965.
159. Schuler, E. A.; Mitautoren (Hrsg.): Readings in Sociology, New York 1965.
160. Schmidt-Relenberg, N.: Soziologie und Städtebau, Stuttgart, Bern 1968.
161. Schoof, H.: Idealstädte und Stadtmodelle als theoretische Planungskonzepte, Diss. Karlsruhe 1965.
162. Schwonke, M.: Wolfsburg. Stuttgart 1967.
163. Siebel, W.: Zur Zusammenarbeit zwischen Architekten und Soziologen, Das Argument, H. 4, 1967.
164. Simmel, G.: Soziologie, Berlin 1968.
165. Silbermann, A. (Hrsg.): Militanter Humanismus, Frankfurt 1966.
166. Sombart, W.: Grundformen des menschlichen Zusammenlebens, in: (173).
167. Ders.: Städtische Siedlung, Stadt, in: (173).
168. Stoeckli, A.: Die Stadt, Köln o. J.
169. Theodorson, G. A. (Hrsg.): Studies in Human Ecology, Evanston, New York 1961.
170. Treinen, H.: Symbolische Ortsbezogenheit, Kölner Zeitschrift für Soziologie und Sozialpsychologie, 1965, S. 73–95 und S. 254 bis 297.

171. Trystram, J. P. (Hrsg.): Sociologie et développement urbaine, vervielfältigter Forschungsbericht in 2 Bänden, Paris 1966.
172. UNO: European Seminar on the Social Aspects of Housing, Geneva 1960.
173. Vierkandt, A. (Hrsg.): Handwörterbuch der Soziologie, Stuttgart 1959.
174. Ders.: Gesellschaftslehre, Stuttgart 1923.
175. Vogt, W.; Gerheuser, F.: Neue Begriffe für Stadt und Land, vervielfältigter Literaturbericht, Zürich, o. J.
176. Dies.: Kommunale Machtstruktur, vervielfältigter Literaturbericht, Zürich, o. J.
177. Weber, M.: Wirtschaft und Gesellschaft, Köln, Berlin 1964.
178. Westergaard, J. H.: Skandinavien Urbanism, Acta Sociologica, 1965, S. 304–323.
179. Wheaton, W. L. C.; Milgram, G.; Meyerson, M. E. (Hrsg.): Urban Housing, New York 1966.
180. Weiss, H.: Ausbreitung städtischer Lebensformen auf dem Lande, Internationales Gewerbearchiv, H. 1, 1958.
181. Weiss, R.: Volkskunde der Schweiz, Erlenbach/Zürich 1946.
182. Wiese, L. v.: Ländliche Siedlungen, in: (173).
183. Ders.: System der allgemeinen Soziologie, München, Leipzig 1933.
184. Wurzbacher, G.: Das Dorf im Spannungsfeld industrieller Entwicklung, Stuttgart 1961.
185. Zapf, K.: Rückständige Viertel, Frankfurt 1969.
186. Dies.: und Heil, K.; Rudolph, J.: Stadt am Stadtrand, Frankfurt 1969.
187. Zinn, H.: Beziehungen zwischen Raumgestalt und Sozialleben, Bern 1970.

Namensregister

Adorno, T. W. 55, 62
Arensberg, C. M. 63, 69
Aschenbrenner, K. 95
Atteslander, P. 17, 78, 86 f., 94

Bahrdt, H. P. 70, 83
Barker, R. G. 102 f.
Berndt 23, 59, 94
Bernot, L. 64
Bettelheim, C. 63
Blanchard, R. 64
Bracey, H. E. 64, 66, 75, 80

Chombart de Lauwe, P. H. 48, 64
Clement, P. 64
Cooley, C. H. 11, 17, 47, 98
Croon, H. 63

Dibelius, W. 21
Dienel, P. 113
Drewe, P. 67
Durkheim, E. 98, 102

Engels, F. 20 f.

Feder, G. 28 f.
Firey 102
Forstmann, W. 59
Fourier, C. 20 f.
Frere, S. 63
Fritsch, T. 28

Gans, H. J. 55, 109
Gerheuser, F. 42
Glass, R. 21, 63
Goederitz, J. 30

Halbwachs, M. 102

Hawley 102
Heberle, R. 32, 46, 94
Herlyn, U. 97
Hoffmann, H. 30
Homans, G. C. 18, 70, 94
Howard, E. 25 f., 28

Ipsen, G. 43, 63
Irle, M. 63, 97
Isaacs, R. R. 33

Jacobs, J. 27, 54, 91, 113

Kant, I. 9
Kappe, D. 95
Keller, S. 13, 64
Kerr, M. 63
Klages, H. 48 f., 54, 56 f., 63, 81, 87, 89, 95, 97
Kopp, A. 64
König, R. 17, 34 f., 70, 83
Koetter, H. 35, 44

Lefèbvre, H. 64
Luecke, P. 58
Lynd 62

Mahraun, A. 58
Mann, P. H. 13, 22, 27, 83 f.
Marx, K. 20 f.
Mayntz, R. 63
McKay, H. 85
Meister, A. 95, 115
Mogey 95
Morris, R. N. 95
Mumford, L. 10

Nystuen, J. D. 15

Oppen, D. V. 33, 63
Orlans, H. 21, 63
Oswald, H. 36, 42, 48 f., 70, 95
Owen, R. 21
Oestreich, G. 59

Park, R. E. 102
Perry, C. A. 11 f., 15 ff., 26 f.
Pfeil, E. 31, 56, 58, 80 f., 87
Platon 29

Quinn 102
Quoist, M. 10, 64

Rainer, R. 30
Riehl, W. H. 23 f., 27, 37, 39, 41
Riemer, S. 27, 53, 55, 83, 91, 116
Roth, W. 44
Roucek, J. S. 89
Rupf, M. 62

Salin, E. 57
Schelsky, H. 70

Schmidt-Relenberg, N. 70
Schwonke, M. 94, 97
Simmel, G. 9, 35, 37, 102
Sombart, W. 55
Sumner 98

Theodorson, G. A. 102
Townsend, P. 63

Utermann, K. 63

Vierkandt, A. 55
Vogt, W. 42

Warners 62
Weber, M. 9, 38, 99
Weiss, R. 44
Wiese, L. v. 9, 55
Williams, W. M. 63
Wurzbacher, G. 33, 46, 63, 87, 16

Young, M. 63

Sachregister

Abstraktionsgrad 11, 13, 14, 37, 66, 69 f.
Agrarsoziologie 38, 101
Aktualisierung 73, 92, 97
Aktualität 76, 92
Alter 54, 76, 83, 87, 99 f.
Alterswohnung 110
Amerika 22, 25, 27, 33, 42, 53 f., 56, 62, 64 f., 66 f., 80
Anonymität 76
Anpassung 46, 49, 82, 88
Arbeitsleistung 81
Arbeitsteilung 41, 100
Architektur 61
Assimilation 53, 82, 85
Ästhetik 29
Auswärts Arbeitende 46
Auswahl 18, 35, 49, 89, 93 ff., 100, 108, 110, 114
Aushilfe 96
Ausleihe 80, 93

Bedingtheit, ökonomische 48
Befragung 67, 101
Behaviour setting 102 f.
Berufsstruktur 41
Besitz 58, 79, 94, 106
Beziehungen, kommunikative 46
Beziehungsdichte 92
Beziehungsmuster, räumliche 92, 97
Bezugsgruppen 49, 72, 75, 82, 84, 88, 92 f., 100, 107
Bezugsgruppentheorie 44
Bildung 77, 87, 100
Bittarbeit 81
Bodenpreise 65
Bodenrecht 26, 28, 110
Brauch 47, 91

Centre d'Etudes des Groupes Sociaux 95
Community Centres 26
Community Center Movement, England 15
Concierge-System 58

Deutschland 23, 25, 31, 54, 57 f., 62 f., 66, 83, 95
Dichte 104
Differenziertheit, arbeitsteilige 76
Differenzierungen 37, 71, 78
Dorf 20, 24, 31 f., 47, 76, 86 f.
Dorf, Überschaubarkeit 29

Eigenheim 58 f.
Eigentum 14 f., 24, 31
Eigentumsbegriff 33
Eigentumsordnung 112
Einkommen 77 f., 87, 99 f., 114
Einwohnerzahl 39, 41 ff.
Einzugsbereich 114
Einzugsbereich, räumlicher 27, 48 f., 101
England 20, 25, 27, 63 ff., 80, 95
Erhebungstechnik 13, 67
Erneuerungsbedürftigkeit 111
Erschließung 113
Erschließungssystem 116
Etymologie 14, 20, 32

Fachplanung 107
Faktoren, ökonomische 25 f., 34 f., 37 f., 42 f., 45, 80
Fallstudie 62, 67
Familie 16, 24, 31, 36, 44, 60, 74, 76, 82 ff., 87, 96, 103
Feststellungen, orientierende 70

Flächennutzungsplan 105
Frankreich 62 f., 95
Freiflächen 16
Forschungsmethoden 101
Funktionalismus 85
Funktionen 35, 38, 47 f., 101, 113, 115

Gartenstadt 25 f., 28, 31
Gebräuche 48, 89
Gegenseitigkeit 80 f.
Gemeinde 31, 34, 54, 67 ff., 83, 86
Gemeinschaft 24, 31, 44, 47, 49, 56 f., 58, 60, 99, 109
Gemeinschaftswille 28
Geselligkeit 34, 96
Geselligkeit, organisierte 47
Gesellschaft 24, 35, 38, 48, 66, 77, 79, 86, 94, 99 f., 100, 102, 106
Greater London Plan 26
Grundbesitz 32
Grundeigentum 33
Grundeigentümer 106 f.
Grundlagenforschung 61
Gruppe 10, 15, 18, 44, 46, 53, 58, 72, 74, 86, 88 f., 98 f., 109
Gruppen, primäre, sekundäre 98
Gruppenmitglieder 18
Gruppentheorie 98
Groberschließungsplanung 107
Großstadt 20 f., 23 ff., 29, 39, 40, 54 ff., 62, 76, 86 f., 116
Großstadtkritik 20, 28, 30, 31, 76
Grüne Witwen 77

Handeln, soziales 9 f., 71, 99
Handlungsfreiheit 108
Handlungsspielraum 106
Hausettes 113 f.
Hausfrauen 65, 68, 77, 88 f., 94, 100
Hausordnung 79
Haustyp 47, 97, 109
Heimat 57
Heterogenität 13, 27, 85, 104, 109
Hilfe 52
Hilfeleistung 45 f.
Homogenität 12, 22, 26 f., 53, 65, 85, 88, 92, 104, 109
Human Ecology 102 f.

Hypothesen 19, 68, 78, 94, 99, 108 f.

Ideal 87
Idealtypen 43, 62 f.
Identität 44, 79, 94
Identifikation 94
Ideologie 29, 40, 56 f., 99
Ideologiekritik 10, 61
Individualität 73, 77 f.
Industrialisierung 20
Informationen, strategische 68
Infrastruktur 37, 40 f., 45, 78, 86, 96, 100, 116
Infrastrukturleistungen 25
Institution 32, 38, 48, 60, 79, 100, 110, 115
Instrumentarium, methodisches 102
Integration 36 f., 56, 65, 82, 85 f., 105, 111
Interaktion 17 f., 49, 71, 74, 84, 93 f., 100
Interaktion, erzwungene 95 f.
Interaktion, Häufigkeit der 94
Interaktion, spontane 96
Interaktionsanalyse 101
Interaktionsbereich 9
Interaktionsdichte 17, 92, 96, 101
Interaktionspartner 9

Kann-Erwartung 79, 89, 100
Katastrophe 79 f.
Kinder 71, 76 f., 83, 88, 94, 100
Klassenlage 48
Kleinstadt 54
Klima 66
Kommunikation 83, 88, 100
Kommunikationsmittel 42 f.
Kommunikationsmöglichkeiten 36 f.
Kommunikationspartner 110
Kommunikationssystem 42
Komplementärpositionen 72 f.
Konflikte 35, 45, 49, 73, 84 ff., 96 f., 106, 112 ff.
Konkurrenz 79
Kontakt, spontaner 97
Kontakt, passiver 84, 108 f.
Kontrolle 31, 35 ff., 42, 45 f., 49, 54 f., 59, 71, 85, 89, 91, 96, 100, 109, 115

Konvention 79, 96
Kosten, soziale 112

Land 20, 23 f.
Landflucht 35, 39
Ländliche Soziologie 39
Lebenslauf 76, 83, 100
local associations 23
local voluntary association 66

Machtstruktur, kommunale 42
Methodenforschung 67
Methodologie 61 f., 68
Miete 65, 79, 108 ff., 114
Mieter 25, 85
Mietshaus 81
Migration 87
Mobilität, geographische 65, 86, 104
Mobilität, soziale 69 f., 85, 104
Morphologie, soziale 102
Mouvement Castor, Frankreich 15
Muß-Erwartung 72, 79, 89, 100

Nachbarrechte 15, 33, 79
Nachbarschaft 27, 32
Nachbarschaft, heterogene 55
Nachbarschaft, homogene 55
Nachbarschaft, institutionalisierte 96
Nachbarschaft, organisierte 48
Nachbarschaft, soziale 75
Nachbarschaft, soziale und emotive 17, 46
Nachbarschaftsbegriff 12 f., 17 f.
Nachbarschaftseinheit 11 f., 15 f., 26 f., 31, 53 f., 55 f., 103, 105, 114 f.
Nachbarschaftsideologie 12, 35, 47, 56
Nachbarschaftsplanung 56
natural area 22, 55, 102 f.
New Towns 28, 63
Niederlande 102
Normen 46, 49, 53, 59, 74, 77 ff., 82 f., 85 ff., 92 f., 96, 99 f.
Normensystem 44
Notfälle 52
Nothelfer 38, 80, 88, 109
Nothilfe 32, 47, 78, 100, 110
Nothilfefunktion 38, 82

Nothilfegemeinschaft 34, 48
Notnachbarn 52
Nutzung 111
Nutzungsmischung 104

Operationalisierung 68, 101
Organisation 10, 36 f., 47, 53, 82, 95, 113
Orientierung, überlokale 37, 42 f.
Ökologie 40
Ökonomie 91

Pendler 43, 76
Persönlichkeit 32, 53, 56, 76, 82
Persönlichkeitssphäre 86
Pioniersituation 22, 25, 27, 54
Planer 11, 60 f., 105 ff., 112
Planung 53, 105 f., 113
Planungsbehörde 107
Positionen 18, 71 f., 74 ff., 82, 84 ff., 92, 97, 99 f., 106 f.
Positionen, familiäre 76, 100
Positionenhaushalt 73, 77, 86, 94, 101
Positionenmenge 77, 84 ff., 92 ff., 110
Prestige 27, 65, 93
Primärgruppen 11, 17, 36, 98 f.
Primärgruppensituation 22
Privatheit 49, 109
Privatleben 49
Privatsphäre 65, 93, 96
Pumpennachbarschaft 38, 96

Raum 9, 17, 34 f., 44, 46, 69, 71, 74 f., 78, 94, 99, 101 f., 103, 105
Raumplanung 15
Raum-Verhalten 103
Raum-Verhalten-Theorie 101
Recht 33, 37
Regelung, normative 71
Regionalpolitik 17, 41
Reform, gesellschaftliche 10
Rollen 32, 71, 73, 75 f., 78, 82, 84, 86, 92 f., 96
Rollenbündel 75
Rollensegmente 75
Rollenverhalten 36

Sanierung 86, 105, 110 ff.
Sanktionen 32, 34, 42, 45, 79, 86 f., 91, 96, 100
Schicht 55, 77, 94, 104, 109, 114
Schichtung 63, 69, 93
Schweden 31
Selbstbewußtsein 94
Segregation 36 f.
Selektion 9, 97, 108 f.
Semiotik 102
Siedlungssoziologie 10, 55, 60 ff., 66, 102
Sitte 33, 44 f., 48, 79
Situationsmerkmale 32, 74, 92
Soll-Erwartungen 79, 89
Sozialgeographie 15
Sozialgeschichte 31
Sozialisation 82, 84 f., 87 f., 100
Sozialisation, Kindheits- 82 f., 85
Sozialisation, sekundäre 82
Sozialisationsagenten 82
Sozialisationsprozeß 82
Sozialmorphologie 64
Sozialökologie 22, 26, 55, 62 f., 102 f.
Sozialpädagogik 59
Sozialreformen 11, 22 f., 25, 28, 69
Soziographie 102
Soziometrie 101
Spekulation 110 f.
Stadt 20, 23 f., 41, 70
Stadtbegriff 55
Stadtentwicklungsplanung 107
Stadtkritik 23, 25, 39, 43, 56
Stadt und Land 39, 41, 43, 45
Stadt-Land-Kontinuum 39, 43, 101
Stadt-Land-Kontroverse 101
Stadtplanung 10, 24, 61 f., 69, 103, 107
Stadtplanungsbehörde 111
Stadtplanungszwecke 16
Städtebau 10, 58, 114
Städtebauliteratur 24
Statik 68
Statistik 22, 38 ff.
Status 27, 77 f., 85, 93, 99 f.
Statussymbol 65, 84
Stellung, berufliche 77, 87, 100
Stichprobe 68

Strategie 69
Struktur 77, 108, 111
Strukturelemente 75
Symbole 73, 84, 91
Synomorphie 103
Systemtheorie 45

Theorie mittlerer Reichweite 60
Time Budget Analysis 101
Umweltpsychologie 103
Überschaubarkeit 23, 34 ff., 76

Variable, intervenierende 87 f.
Verbindlichkeit 79, 100
Verdienst 64 f.
Vergesellschaftung 10, 31
Vergesellschaftungsform 53
Vergleichbarkeit 62, 66
Verhalten, erzwungenes, spontanes, organisiertes 95
Verhalten, städtisches 76
Verhaltensmuster 24, 32, 48, 72, 82, 85, 87
Verhaltensstil, urbaner 49
Verhaltenstypen 95
Verhaltensunsicherheiten 85, 87
Verkehr 16, 26, 38, 43, 61, 110, 115
Verkehrskreis 75
Verkehrsplan 105
Verkehrsplanung 107
Verstädterung 22, 39, 87
Verwaltung 40, 42, 53, 106

Wandel, sozialer 63, 69, 91
Wanderung 87
Wanderer 87
Wert 59, 67, 72, 85, 99 f., 112
Wertung 53
Wissenschaftstheorie 61, 68, 69
Wissenssoziologie 107
Wohnungsdichte 16, 101
Wohnen 61
Wohnung 15 f., 66, 74, 83, 88, 100, 103, 108 f., 111, 113 f., 116

Zugezogene 46
Zuzügler 53, 65, 83, 85 ff., 105
Zuzügler, Integration der 109
Zwang 35, 73

Bauwelt Fundamente

1 Ulrich Conrads, Programme und Manifeste zur Architektur des 20. Jahrhunderts · 180 Seiten, 27 Bilder
2 Le Corbusier, Ausblick auf eine Architektur · 216 Seiten
3 Werner Hegemann, Das steinerne Berlin · Geschichte der größten Mietskasernenstadt der Welt · 344 Seiten, 100 Bilder (vergriffen)
4 Jane Jacobs, Tod und Leben großer amerikanischer Städte · 221 Seiten
5 Sherman Paul, Louis H. Sullivan · Ein amerikanischer Architekt und Denker · 164 Seiten
6 L. Hilberseimer, Entfaltung einer Planungsidee · 140 Seiten
7 H. L. C. Jaffé, De Stijl 1917–1931 · Der niederländische Beitrag zur modernen Kunst · 272 Seiten
8 Bruno Taut, Frühlicht – Eine Folge für die Verwirklichung des neuen Baugedankens · 224 Seiten, 240 Bilder
9 Jürgen Pahl, Die Stadt im Aufbruch der perspektivischen Welt · 176 Seiten, 86 Bilder
10 Adolf Behne, Der moderne Zweckbau · 132 Seiten, 95 Bilder
11 Julius Posener, Anfänge des Funktionalismus · Von Arts and Crafts zum Deutschen Werkbund · 232 Seiten, 52 Bilder
12 Le Corbusier, Feststellungen zu Architektur und Städtebau · 248 Seiten, 230 teils farbige Bilder
13 Hermann Mattern, Gras darf nicht mehr wachsen · 12 Kapitel über den Verbrauch der Landschaft · 184 Seiten, 40 Bilder
14 El Lissitzky, Rußland: Architektur für eine Weltrevolution · 208 Seiten, 116 Bilder
15 Christian Norberg-Schulz, Logik der Baukunst · 308 Seiten, 118 Bilder
16 Kevin Lynch, Das Bild der Stadt · 216 Seiten, 140 Bilder
17 Günter Günschel, Große Konstrukteure 1 · Freyssinet – Maillart – Dischinger – Finsterwalder · 276 Seiten, 172 Bilder
19 Anna Teut, Architektur im Dritten Reich 1933–1945 · 392 Seiten, 56 Bilder
20 Erich Schild, Zwischen Glaspalast und Palais des Illusions · Form und Konstruktion im 19. Jahrhundert · 224 Seiten, 157 Bilder
21 Ebenezer Howard, Gartenstädte von morgen · Ein Buch und seine Geschichte · 198 Seiten, 35 Bilder
22 Cornelius Gurlitt, Zur Befreiung der Baukunst · Ziele und Taten deutscher Architekten im 19. Jahrhundert · 166 Seiten, 19 Bilder
23 James M. Fitch, Vier Jahrhunderte Bauen in USA · 330 Seiten, 247 Bilder

24 »Die Form« – Stimme des Deutschen Werkbundes 1925–1934 · 360 Seiten, 34 Bilder
25 Frank Lloyd Wright, Humane Architektur · 274 Seiten, 54 Bilder
26 Herbert J. Gans, Die Levittowner · Soziographie einer »Schlafstadt« · 368 Seiten
27 Über die Umwelt der arbeitenden Klasse · Aus den Schriften von Friedrich Engels · 238 Seiten, 23 Bilder
28 Philippe Boudon, Die Siedlung Pessac – 40 Jahre Wohnen à Le Corbusier · Sozio-architektonische Studie · 180 Seiten, 70 Bilder
29 Leonardo Benevolo, Die sozialen Ursprünge des modernen Städtebaus · Lehren von gestern – Forderungen für morgen · 172 Seiten, 72 Bilder
30 Erving Goffman, Verhalten in sozialen Situationen · Strukturen und Regeln der Interaktion im öffentlichen Raum · 228 Seiten
31 John V. Lindsay, Städte brauchen mehr als Geld · New Yorks Mayor über seinen Kampf für eine bewohnbare Stadt · 180 Seiten
32 Mechthild Schumpp, Stadtbau-Utopien und Gesellschaft · Der Bedeutungswandel utopischer Stadtmodelle unter sozialem Aspekt · 208 Seiten, 55 Bilder
33 Renato De Fusco, Architektur als Massenmedium · Anmerkungen zu einer Semiotik der gebauten Formen · 180 Seiten, 38 Bilder
34 Planung und Information · Materialien zur Planungsforschung, herausgegeben von Gerhard Fehl, Mark Fester, Nikolaus Kuhnert · 320 Seiten, 20 Bilder
35 Architekturpsychologie · Theorie – Laboruntersuchungen – Feldarbeit · 9 Forschungsberichte, herausgegeben von David V. Canter · 168 Seiten, 42 Bilder
36 John K. Friend/W. Neil Jessop, Entscheidungsstrategie in Stadtplanung und Verwaltung · 233 Seiten, 78 Bilder und Tabellen
37 Gesellschaftsplanung in kapitalistischen und sozialistischen Systemen · 11 Beiträge, herausgegeben von Josef Esser, Frieder Naschold und Werner Väth · 311 Seiten
38 Großstadt-Politik · Texte zur Analyse und Kritik lokaler Demokratie, herausgegeben von Rolf-Richard Grauhan · 276 Seiten
39 Alexander Tzonis, Das verbaute Leben · Vorbereitung zu einem Ausbruchsversuch · ca. 144 Seiten, 4 Skizzen
40 Bernd Hamm, Betrifft: Nachbarschaft · Verständigung über Inhalt und Gebrauch eines vieldeutigen Begriffs · 132 Seiten
41 Aldo Rossi, Die Architektur der Stadt · Skizze zu einer grundlegenden Theorie des Urbanen · ca. 216 Seiten, 37 Fotos 42 Bilder
42 Alexander Schwab »Das Buch vom Bauen« · Wohnungsnot, Neue Technik, Neue Baukunst, Städtebau aus sozialistischer Sicht · 208 Seiten, 41 Bilder

Bertelsmann Fachverlag

Bei Fragen zur Produktsicherheit wenden Sie sich bitte an:
If you have any questions regarding product safety,
please contact:

Birkhäuser Verlag GmbH
Im Westfeld 8
4055 Basel, Schweiz
productsafety@degruyterbrill.com